CHINA

immer eine **Reise** wert

Monika Genzow

2021

© 2021

Autorin: Monika Genzow

Herstellung und Verlag:

BoD -   Books on Demand,

Norderstedt

ISBN: 978-3-7534-0421-9

Konfuzius sagt: Nihau

Von jeher haben Menschen das Bedürfnis, in die Ferne zu reisen und die Welt mit eigenen Augen zu sehen. Wir machen da keine Ausnahme. Diesmal zieht es uns ins Reich der Mitte.

Jahrtausende alte Kultur, faszinierende Landschaften, sagenumwobene Orte, Epoche machende Erfindungen und eine auf

Traditionen gegründete Geisteshaltung kennzeichnen das alte China und machen uns neugierig auf das China von heute, das immer präsenter wird und streitbarer.

Und wir fragen uns, was wohl Konfuzius, der noch immer verehrte Weise, seinen Mitbürgern und der Welt von heute sagen würde.

Vielleicht würde er sagen:

Wenn du eine Reise tust, öffne die Augen und dein Herz und lass andere daran teilhaben.

*

Noch bevor wir überhaupt Richtung Osten in Bewegung kommen, fahren wir erst einmal mit der Deutschen Bahn nach Frankfurt/Main mit 90-minütigem Zwischenaufenthalt in Hamburg. Auf dem Bahnsteig zieht es wie Hecht und ich bin froh, dass ich kurz vor der Abreise noch ein warmes Wolltuch in den Koffer gelegt habe.

„Mach doch bitte mal den großen Koffer auf",
bitte ich meinen Mann, „mein Tuch liegt
gleich obenauf". Harald greift in seine
Jackentasche und kramt ein Weilchen darin
herum, kann aber die Schlüsselchen für die
kleinen Vorhängeschlösser, mit denen wir
unsere beiden Koffer „reisesicher" verschlossen haben, nicht finden. Dann folgt die
andere Seite, schließlich die Umhängetasche
mit den Reisepapieren. Kein Schlüssel. Ich
habe sie auch nicht.

„Wir müssen sie wohl zu Hause vergessen
haben. Aber es gibt bestimmt hier auf dem
Bahnhof eine Möglichkeit, das Schloss zu
öffnen und ein neues zu kaufen."

„Zwei", sage ich, „wir brauchen zwei neue
Schlösser."

Mein Mann verdreht die Augen.

„Das geht ja gut los."

Nach einigem Suchen finden wir einen Laden, der auch Kofferschlösser führt und kaufen zu einem horrenden Preis zwei neue Schlösser. Die alten kann der Verkäufer aber nicht öffnen. Das darf er nicht, sagt er, dazu ist er nicht befugt. Da müssen wir uns an die Bahnpolizei wenden.

Die Polizei erweist sich in der Tat als Freund und Helfer und ermöglicht uns mittels eines Bolzenschneiders den Zugang zu unseren beiden Koffern. So machen wir unsere erste Reisebekanntschaft.

Auf dem Frankfurter Flughafen verläuft alles nach Plan. Das Wetter ist schön, der Airbus von China-Air pünktlich zur Stelle und wir, schon leicht ermüdet, auf den über das Internet ausgesuchten Plätzen im Flieger. Nach dem Start um 20.00 Uhr taucht die Sonne zu unserer Linken die Abendwölkchen in einen rosigen Schimmer. Als wir nach 35 Minuten die Sonne immer noch auf unserer Seite haben, hege ich erste Zweifel, ob wir auch im richtigen Flieger sind. Das Wetter erlaubt eine gute Sicht nach unten und da entdecke ich eine größere Stadt, umgeben von mehreren Seen. Das könnte Schwerin sein, denke ich. Wenig später finde ich das bestätigt, denn nun macht der Flieger einen Schwenk nach Osten und ich finde erst Wismar, dann Rostock und Rügen und danach geht es hinaus auf die Ostsee.

Jetzt weiß ich auch, warum die Unterweisung durch die digitalen Stewardessen auf den Bordmonitoren auch den Gebrauch einer Rettungsschwimmweste enthielt. Wir benötigen sie aber nicht, sondern fliegen etwa in Höhe Estland wieder über Land, zwischen St. Petersburg und Moskau hindurch über endlose, unbewohnte Gebiete dem Ural entgegen. Die

Jalousien werden jetzt geschlossen, das Licht auf Notbeleuchtung eingestellt und Nachtruhe empfohlen. Den Monitor mit der Fluginformationskarte lasse ich weiter flimmern. Als ich das erste Mal aus einem unruhigen Schlaf erwache, haben wir gerade den Baikalsee überflogen. Obwohl wir mit einer Geschwindigkeit von 850 km/h dahin düsen, habe ich das Gefühl, überhaupt nicht vorangekommen zu sein. Das nächste Mal queren wir gerade die mongolische Steppe. Das Rütteln der Maschine und der Blick auf die Karte zeigen, dass wir uns den Ausläufern des Kunlun-Gebirges nähern. Das Flugzeug wird im Jetstream geschüttelt. Ich schiebe die Jalousie etwas hoch und sehe einen roten Streifen im milchigen Wolkendunst. Wir sind also schon auf Südostkurs. Aber es liegen immer noch vier Flugstunden vor uns.

Gerade bin ich wieder im Halbschlaf versunken, da ertönt die wach rüttelnde, emotionslose Stimme der chinesischen Flugbegleiterin, die in drei Sprachen das Frühstück ankündigt. Es erweist sich als ein ausgewachsenes Menue. Salat, Hähnchencurry mit Reis, Kuchen und Getränke nach Wahl.

Kurz nach dem Abräumen beginnt der Sinkflug. Wir verlassen die Reiseflughöhe von knapp 11000m und nähern uns ganz allmählich wieder der Erde.

Seit gut zwanzig Minuten befinden wir uns nun im Landeanflug. Endlich! Nach elf-stündigem Flug und siebenstündigem Zeitunterschied landen wir bei heiterem Himmel und frühlingshaften Temperaturen in Shanghai. 9450 km liegen hinter uns.

Angestrengt blicke ich aus dem Bordfenster. Von der zweitgrößten Stadt Chinas und ihren

28 Millionen Einwohnern ist so gut wie nichts zu sehen. Ab und an tauchen schemenhaft ein paar Wolkenkratzer in der Ferne auf. Alles andere liegt im Mittagsdunst. Jetzt erkenne ich so etwas wie eine Uferlinie und Wasser unter uns.

Der „International Airport Pudong" liegt östlich der Stadt am Rande des Chinesischen Meeres. Nur wenige Minuten später setzt der Pilot den Airbus 330 butterweich auf die Landebahn. Und nun rollen wir. Und rollen und rollen. Zwei riesige Abfertigungshallen haben wir schon passiert, aber unser Flieger rollt ungebremst weiter. 40 km² groß soll das Areal des viertgrößten Flughafens der Welt sein. Wie lang sind da die Rollbahnen? Jetzt kommt ein drittes Terminal in Sicht und nun, endlich, macht auch das Flugzeug einen Schwenk und wir steuern das Terminal an. Wir verabschieden uns von den diensteifrigen, aber etwas reserviert wirkenden Stewardessen und eilen endlos erscheinende Gänge entlang zur Passkontrolle. Eine kleine Unsicherheit entsteht an den mit den üblichen Absperrbändern versehenen Einordnungswegen. Die chinesischen Schriftzeichen, die die Ankommenden in „Einheimische" und „Sonstige" sondieren, sind uns nicht geläufig. Aber der in zahllose Handys, Smartphones und Tabletts sprechende Strom der mit uns angereisten Chinesen folgt zielgerichtet den linken Schlängellinien. Also halten wir uns rechts. Da entdecken wir auch die in kleinen Buchstaben angebrachte englische Beschriftung an den Tafeln. Ohne Komplikationen passieren wir die Grenz- und Zollkontrolle und eilen mit unseren Koffern in die Empfangshalle. Hier soll uns Frau Wang Yu Yang, von nun an unsere Reiseleiterin, unter ihre Obhut nehmen.

Ein Empfangskomitee von Fähnchen und Tafeln haltenden Vertretern der verschiedensten Reisegesellschaften erwartet uns. Frau Wang bildet mit einem kleinen Fähnchen unseres Reiseveranstalters in der Hand quasi das Ende dieser Schlange. Als die Reisegruppe laut ihrer Liste komplett ist, eilt sie mit uns zügigen Schrittes aus der Halle und das ganze 200 m lange Terminal entlang zu einem Kleintransporter, der unsere Koffer aufnimmt und zum Hotel bringt, während wir schon dem ersten Höhepunkt unserer Reise entgegen sehen.

Eine Fahrt mit dem **Transrapid** steht auf dem Programm. Dazu kommt es jedoch zunächst einmal nicht. Es fehlen nämlich zwei Personen bei der Kofferabgabe. Bei dem vorgelegten

Tempo und dem Gewusel in der Empfangshalle sind sie abhandengekommen. Um wen geht es jetzt? Noch kennt keiner den Anderen. Standen da nicht noch zwei ältere Leute bei unserer Gruppe mit solchen pinkfarbenen Hartschalenkoffern? Ja, das könnte sein. Die haben wir auch gesehen. Frau Wang spurtet zurück in die Empfangshalle und kehrt nach einiger Zeit erleichtert mit den beiden im Schlepptau wieder. Nun also noch diese Koffer in den Transporter und dann geht es im Konvoi noch einmal außen am Terminal entlang und am Ende wieder hinein, denn dort befindet sich die Endstation des Transrapid.

Er steht auch schon auf dem Gleis. Nein, das ist falsch, denn der Transrapid ist eine Magnetschwebebahn und steht demnach nicht auf einem Gleis. Jedenfalls nicht auf einem uns geläufigen. Von Bildern wissen wir, dass er vielmehr auf einer Art Betonschwebebalken sitzt, wie ein Huhn auf dem Ei. Durch Hydraulik und Magnetismus wird er beim Fahren in der Schwebe gehalten. Jetzt steht er wie ein ganz normaler ICE an einem Bahnsteig, drei Sektionen, stromlinienförmig, schnittig in Weiß und Rot. Die ersten Fotografen scheren aus der Gruppe, um den SMT, den „Shanghai Magev Train" in voller Länge aufzunehmen. Es sind nur knapp achtzig Meter.

„Wir steigen im mittleren Bereich ein", kann Frau Wang gerade noch rufen. „Beeilen Sie sich, der Zug fährt gleich ab."

In der Magnetbahn sind, wie im Flugzeug, jeweils drei Plätze rechts und links in Fahrtrichtung angeordnet und mit leuchtend blauem Velour bezogen. Die Beinfreiheit ist großzügiger, sodass auch das mehr oder weniger große Handgepäck noch dazwischen passt. Eine junge Frau mit bayerischem Akzent hat einen gewaltigen Rucksack auf dem Buckel, den sie nur ungern abnimmt. Aber selbst der findet noch neben ihr und dem Vordermann Platz.

„Richten Sie sich nicht so häuslich ein", sagt unsere Reiseleiterin, „die Fahrt dauert nur knapp zehn Minuten."

„Wieso?", fragt eine ältere Dame ungläubig, „ich habe gelesen, dass die Strecke 30 km lang ist. Und dann nur zehn Minuten?"

„Genau genommen würde er für diese Strecke vom Flughafen Pudong bis zur Metrostation Longyang sogar nur 7,8 Minuten benötigen, aber durch das Anfahren und Bremsen wird es etwas mehr", klärt uns Yu Yang auf. Sie hat uns gebeten, sie doch beim Vornamen zu nennen. Kein Mensch in China spricht jemanden mit „Herr" oder „Frau" an, sagt sie.

„Die höchste Geschwindigkeit des Zuges lag im Test bei 501 km/h. Für den Linienverkehr waren ursprünglich 450 km/h zugelassen, aber seit dem schrecklichen Zugunglück mit vielen Toten im Süden des Landes mit einem anderen Hochgeschwindigkeitszug hat man die Höchstgeschwindigkeit des Transrapid auf 300 km/h begrenzt."

Inzwischen sind alle Fotografen wieder an Bord.

„Wir haben gar kein Zugpersonal gesehen", sagt einer, dem Tonfall nach aus dem Norden stammend, so wie wir.

„Die Magnetschwebebahn fährt vollautomatisch."

Noch bevor Yu Yang antworten kann gibt ein Bayer sein Wissen kund. Und dann geht es nach einem akustischen und einem optischen

Signal plötzlich los. Wie beim Start im Flugzeug werden wir in die Sitzpolster gepresst.

„Huch, gleich hebt er ab!"

„Jo, mei, das is ane Beschleunigung von 1,3 m/s oder von 0 auf 300 in 90 Sekunden. I hab`das daham scho g`lesen."

Der Bayer, der, wie sich im Nachhinein herausstellt, ein Franke ist, hat sich gründlich auf die Reise vorbereitet. Außerdem sollte ja schließlich in München auch mal ein Transrapid den Flughafen mit dem Zentrum verbinden. War aber zu teuer und wurde erst auf Eis gelegt und schließlich ganz aufgegeben.

Während uns die Reiseleiterin noch darüber aufklärt, dass die Strecke ursprünglich 45 km lang sein und die beiden Flughäfen östlich und westlich Shanghais miteinander verbinden sollte, dies aber zu teuer wurde und es auch Proteste der Anlieger gegeben hatte, schauen wir aus dem Fenster und versuchen, aus den in Windeseile in endloser Folge vorbei jagenden Hochhäusern, Straßenschluchten, Grünflächen, Autokolonnen und wieder Hochhäusern in allen möglichen Größen, Formen und Farben einen ersten Eindruck der Megametropole Shanghai zu gewinnen. Die Sicht ist noch immer getrübt durch einen milchig weißen Dunst, der aus den niedrig hängenden Wolkenschleiern und dem aufsteigenden, feuchten Nebel des wasserreichen Umlands gespeist wird.

„Teuer" und „Proteste" vernehmen wir so nebenbei und hören noch einmal genauer hin.

„Die Magnetschwebebahn hat bis jetzt 1,2 Milliarden Euro gekostet. Das sind 30 Millionen Yuan pro Kilometer. Die Strecke wurde von einheimischen Betrieben unter Federführung deutscher Ingenieure gebaut. Die Bahn selbst jedoch kommt aus Deutschland und hat noch einmal 30 Millionen Yuan gekostet. Die Proteste der Anwohner richteten sich aber weniger gegen die hohen Kosten sondern mehr gegen die Wertminderung ihrer Grundstücke und Wohnungen. Der Zug verursacht zudem einen Lärm in Form von Windgeräuschen, die je nach Entfernung bis zu 80 Dezibel betragen können."

Das ist für uns schwer nachvollziehbar, aber mir reicht schon der Lärm, den der Wind bei Sturm in unserem Kamin verursacht. Dann heult und pfeift es, als ob ein Geist darin spukt.

Der Transrapid ist jetzt merklich langsamer geworden und die Anzeige an der Stirnseite des Abteils zeigt „nur" noch 120 km/h. Wir nähern uns der Endstation – Longyangstraße oder auch „Straße des Drachens", wie es übersetzt heißt. Von hier aus sind es nur noch acht km bis zum Finanz- und Handelszentrum auf der Halbinsel Pudong, deren beeindruckendes Panorama uns schon aus dem Reiseprospekt bekannt ist.

„Wir werden jetzt mit dem Bus weiter bis zum Hotel fahren. Da die Rushhour schon begonnen hat, kann das 40 bis 50 Minuten dauern. Wenn Sie sich etwas ausgeruht haben, treffen wir uns um 18.00 Uhr zur **Abendlichterfahrt**. Nach einem kurzen Bummel auf dem Bund, der Promenade an der Schleife des Huangpo, werden wir in einem kleinen Restaurant zu Abend essen und dann noch einen Abstecher in das historische Altstadtviertel machen."

Mein Gott! Hinter uns liegt eine sechs-
stündige Anreise zum Flughafen Frankfurt, ein
elf-stündiger Flug, bei dem man kaum die
Augen zugemacht hat, eine Hatz durch ein
riesiges Flughafenterminal, ein, zugegeben,
einmaliges „Schweben" auf Stelzen durch die
halbe Stadt und nun noch ein Abendbummel,
dachte ich im Stillen.

Andere Mitreisende dachten nicht nur. Sie
sagten es auch.

„Schlafen können Sie zu Hause", meinte Yu
Yang in jugendlichem Elan und ich dachte:
Recht hat sie, wir sind hier nicht zum
Vergnügen. Wir wollen etwas sehen und
erleben.

Und das war erst der Auftakt.

SHANGHAI

traditionell und modern

Das Hotel „New Century Puxi" erreichen wir dank der zügigen Fahrweise Chang Lis im dichtesten Verkehrsgewimmel gegen 16.00 Uhr. Wir beziehen unser Zimmer im 13. Stock und atmen erst einmal tief durch. Die Koffer stehen schon vor der Tür. Die Kofferschlüssel sind griffbereit. Und nun schnell unter die

Dusche. Erst warm, dann kalt. Jetzt fühle ich mich schon viel besser. Doch die breiten französischen Betten sind zu einladend, als dass man sie unbenutzt ließe. Es ist eine Wohltat, die Beine auszustrecken, den Rücken gerade zu machen und die Augen zu schließen.

„Stell mal bitte den Wecker", kann ich gerade noch meinem Mann zurufen. Dann bin ich auch schon eingeschlafen.

Ich kann nicht sagen, dass ich nach dem Läuten des Weckers putzmunter bin. Ich fühle mich aber doch etwas erholt und bin bereit für das abendliche Shanghai.

Mein Mann ist schon gerüstet mit Fotoapparat und ein paar Yuan, die wir bei der Bank zu Hause eingetauscht haben. Pünktlich finden wir uns in der Lobby ein. Alle Anderen scheinen auch schon da zu sein. Aber Yu Yang zählt ihre kleine Schar zur Sicherheit noch einmal und siehe da, es fehlen zwei Personen. Wer fehlt? Es ist wieder das Ehepaar, das den Anschluss schon am Flughafen verloren hatte. Aber das ist kein Problem. Yu Yang hat eine Zimmerliste und ruft sogleich dort an.

„Sie sind schon auf dem Weg, haben sie gesagt", bringt sie uns die frohe Botschaft und da öffnet sich auch schon die Fahrstuhltür und die beiden Vermissten eilen auf uns zu.

Wir steigen in den Bus und es beginnt die Lichterfahrt.

„Wir fahren jetzt zum **Bund**", unterrichtet uns die Reiseleiterin. „Das ist die Uferpromenade am Huangpu, dem Fluss, der auf einzigartige Weise das alte und neue Shanghai miteinander verbindet. Auf der einen Seite wird die Promenade von Kolonialbauten gesäumt. Auf der anderen Flussseite befindet sich das Handels- und Finanzzentrum. Hier stehen die größten Hochhäuser Chinas. Sie sind alle erst in den letzten zwanzig Jahren entstanden."

Je näher wir unserem Ziel kommen, umso interessanter werden die Silhouetten der Wolkenkratzer. In Blau und Rot erstrahlen zwei futuristisch anmutende Kugeln, die, wie aufgespießt, einen schlanken Turm zieren.

Dicht daneben, von einem azurblauen Leuchtband gerahmt, ein steil aufragendes, nach oben spitz zulaufendes Gebäude mit einer rechteckigen Öffnung im obersten Bereich. Davor ein dunkler, quadratischer Bau mit tausend hell erleuchteten Fenstern und einem golden erstrahlenden Kuppeldach. Unser Bus hält auf dem Platz vor dem Ehrenmal für die Kämpfer der Befreiungskriege, einer von starken Scheinwerfern angestrahlten 50 m hohen, schlichten Stele. Gleich dahinter beginnt der Bund. Wir sind überwältigt von dem Farbenspiel der Skyline der Halbinsel Pudong, die sich auf dem Huangpu in eindrucksvoller Weise spiegelt. Dazu kommen ebenso farbenfreudig illuminierte Ausflugsschiffe mit dem goldenen Drachen an Bug und Heck.

„Pudong werden wir morgen noch besuchen. Dann stelle ich Ihnen auch die einzelnen Hochhäuser vor. Heute sollen Sie nur einen optischen Eindruck bekommen", informiert uns Yu Yang.

Auf der Promenade wimmelt es von Menschen. Wir haben zwanzig Minuten Zeit zum Spazieren und Fotografieren. Hinter einer den Boulevard säumenden Grünanlage ragen die Fassaden der Kolonialbauten hervor. Wir können nicht sagen, was uns mehr beeindruckt, die jadegrün leuchtende Kuppel der im neoklassizistischen Stil erbauten ehemaligen Hongkong- und Shanghai- Bank oder die Silhouette des Peace-Hotels mit der Pyramide auf dem Dach. Eine goldene Krone als Abschluss eines Wolkenkratzers fesselt unseren Blick. Sicher ist das auch eines der Luxushotels, die im inneren Zirkel der Stadt zahlreich vertreten sind. Wir fotografieren wie die Weltmeister. Dabei wollten wir doch diesmal nicht so viele Fotos machen.

Schon steht Yu Yang wieder Fähnchen schwingend am steinernen Geländer der

Uferpromenade.

„Jetzt gehen wir in ein chinesisches Restaurant gleich in der Nähe und dann fahren wir noch ein kleines Stück in die historische Altstadt", lockt sie uns.

Erst jetzt wird mir bewusst, dass wir seit dem zeitigen Mittagessen im Flieger nichts mehr gegessen haben. Im Restaurant sind drei Tische für uns reserviert für jeweils acht Personen. Runde Tische mit einer drehbaren Glasplatte in der Mitte, auf der verschiedene chinesische Gerichte in flachen Schalen die Runde machen. Dazu eine große Schüssel Reis und eine Suppe in der Terrine. Wir sind erleichtert, als wir neben den obligatorischen Stäbchen auch noch eine Gabel neben dem Teller entdecken und einen Löffel. Die Ersten langen schon eifrig zu, wenngleich auch in vorsichtigen, kleinen Kostpröbchen. Viel mehr passt auf die Dessertteller, die an jedem Platz stehen, auch nicht drauf. Aber nach dem Probieren acht verschiedener Gerichte, die allesamt sehr schmackhaft sind, ist der Heißhunger auch vorüber. Dazu noch ein chinesisches Bier und ein Schälchen grüner Tee und wir sind satt und zufrieden.

Neben mir sitzt das ältere Ehepaar, auf das wir schon mehrfach warten mussten. Sie sprechen in einer mir nicht unbekannten Sprache miteinander, aber ich kann sie nicht verstehen. Also nicht Russisch. Vielleicht Bulgarisch? Die Frau spricht auch gut Deutsch, wie ich schon bemerkte.

„Woher kommen Sie?", frage ich.

„Ich komme aus Nieberg", antwortet sie „und mein Mann aus der Nähe von Varna.."

Bulgarien, da lag ich doch gar nicht so falsch. Meine Neugier ist geweckt, aber bevor ich sie weiter befragen kann, drängt Yu Yang zum Aufbruch.

„Der Bus ist schon da. Bitte kommen Sie. Er kann hier nicht lange stehen bleiben. Wir müssen uns beeilen."

Wieder fahren wir auf mehrspurigen, taghell erleuchteten Straßen an Hochhäusern mit farbiger Leuchtreklame vorbei, in einem Pulk von Autos und Motorrollern wie in der Rushhour. Die Hochstraßen, die auf drei Ebenen durch die Stadt führen, sind jetzt durch ein neonblaues Leuchtband gekennzeichnet. Mit ihren zahlreichen Zu- und Abfahrten sehen sie aus wie Kraken, die ihre Tentakeln in alle Richtungen ausstrecken. Doch jetzt kommen niedrige Häuser mit geschwungenen Dächern in Sicht. Ihre Umrisse werden von Tausenden kleinen Lämpchen markiert und die kunstvoll gestalteten Fassaden von Scheinwerfern angestrahlt. Wir sind, wie einst Marco Polo, in einer Märchenwelt angekommen, im Altstadtviertel, das jetzt am späten Abend, nicht ganz so überlaufen ist, wie am Tage, wenn man den Ausführungen unserer charmanten Reiseleiterin glauben darf.

Für uns ist das Menschengewimmel groß genug, um den Anweisungen Yu Yangs strikt zu folgen, die uns rät, nur einen Blick auf die Zig-Zag-Brücke zu werfen, dann drei Querstraßen im jeweils rechten Winkel zu gehen, um zum Ausgangspunkt zurück zu kehren, wo sie uns in 45 Minuten erwartet.

„Wir werden alles morgen noch einmal bei Tageslicht besuchen. Dann haben Sie mehr Zeit und können auch das eine oder andere Souvenir erwerben", tröstet sie uns.

Um uns wieder ein bisschen zu entzaubern, halten wir auf der Rückfahrt in das Hotel noch für eine Stippvisite auf der Nanjing-Shopping-Mall, einer der beliebtesten Einkaufsstraßen Shanghais. Jetzt fühlen wir uns aus der Kaiserzeit vor 2000 Jahren in die Zukunft versetzt oder zumindest in das grell beleuchtete Pendant New Yorks mit all seiner schreienden Leuchtreklame, den überdimensionierten Videotafeln und aktuelle Nachrichten verbreitenden Schriftbändern. Letztere sind uns hier sogar sympathisch. Wir können sie zwar nicht lesen, aber die chinesischen Schriftzeichen sehen faszinierend aus. Sie tanzen auch noch vor meinen Augen, als ich, die Lider schon geschlossen, endlich im Bett liege und mit Grauen daran denke, dass wir schon um 7.00 Uhr wieder aufstehen müssen, um pünktlich um 8.30 Uhr am Bus zu sein.

„Nihau", begrüßt uns Yu Yang fröhlich, als alle

wieder im Bus sitzen und den Highlights des heutigen Tages entgegen sehen.

„Wie geht es Ihnen?", übersetzt sie die Floskel, die man zu allen Tageszeiten in China gebraucht, wenn man sich begrüßt. Die Antwort lautet ebenso einfach „hau", „gut" oder „hau hau", „sehr gut".

Na, das ist leicht zu erlernen. So können wir den uns begegnenden Einheimischen gegenüber höflich sein.

„Wir werden zuerst zum **Stadt-planungsmuseum** fahren. Hier können Sie sich an einem Modell einen Überblick über Shanghai verschaffen und auch etwas über die Vergangenheit und die Zukunft der Stadt erfahren."

Stadtplanungsmuseum hört sich ziemlich trocken und langweilig an, aber es ist nun einmal im Programm so vorgesehen und da werden wir es über uns ergehen lassen. So dachten wir, bevor wir vor dem modernen 5-geschossigen Gebäude standen und die Stufen zur Eingangshalle erklommen. Drinnen erwartet uns ein routierendes, goldglänzendes, fünf Meter hohes Modell vom Handels- und Finanzzentrum Pudong mit den imposanten Wolkenkratzern, die der Skyline von Shanghai heute ihr Gesicht geben. Dann geht es hinauf in die vierte Etage und hier verschlägt es uns fast die Sprache. Auf einer Fläche von 600 m², also sechsmal so groß wie unser Haus, erstreckt sich das Modell der Stadt Shanghai im Maßstab 1: 5000. Es stellt „nur" 110 km² innerhalb der ersten Ringstraße dar. Dominierend sind die zahllosen Hochhäuser, dicht an dicht. Kleine von 10 Etagen, mittlere bis zu 20 Geschossen und Wolkenkratzer von 30 und mehr Etagen wechseln in scheinbarem

Durcheinander. Dazwischen flache Areale einer älteren Bebauung und immer wieder grüne Inseln zum Ausgleich für Beton und Glas. Das Licht geht aus und einige Teile der Stadt erscheinen in leuchtend blauen Tönen.

„Das sind die Neubauten der letzten 20 Jahre", erläutert uns Yu Yang die Erscheinung. „Darunter sind auch fast alle Bauten auf der Halbinsel Pudong. Hier haben viele ausländische Architekten Gelegenheit bekommen, ihre Ideen von einer modernen Stadt zu verwirklichen. Und jetzt sehen Sie die Stadtviertel, die noch in der Planung sind und bis 2020 entstehen werden."

Die blauen Gebäude sind jetzt unbeleuchtet und an ihrer statt erstrahlen weitere Hochhausviertel, vorwiegend an der Peripherie des inneren Ringes der Stadt in Weiß. Dazwischen windet sich der Huangpu wie eine

Schlange, überbrückt von modernen, mehr-spurigen Stahlkonstruktionen. In Gelb erscheinen, sehr eindrucksvoll, die Kreuzungsbauwerke der die Stadt wie einen Ring umschließenden Hochstraße, die ampelfrei, nur für Kraftfahrzeuge mit Shanghaier Kennzeichen zugelassen ist und den einheimischen Autobesitzern ein schnelleres Fortkommen in der Rushhour ermöglichen soll.

Wir bekommen Gelegenheit, das Modell einmal zu umrunden und uns alle Details aus verschiedenen Perspektiven anzusehen. Es ist einfach gewaltig, was da schon entstanden ist und was noch entstehen wird, denn daran, dass dieser Plan verwirklicht wird, haben wir nicht den geringsten Zweifel. Und trotz allem – leben möchte ich hier nicht. Das Leben in der Großstadt ist mir schon in Deutschland zu laut, zu unruhig, zu unsicher. Hier würde ich keinesfalls wohnen wollen. Hinzu kommt noch, dass die gläsernen Fassaden der Geschäftshäuser und Banken nicht darüber hinweg täuschen können, dass die reinen Wohnhochhäuser eher eintönig und trist aussehen. Die Wohnungen selbst sind sehr klein, selten mehr als 40 m², und bieten keinen Komfort, wie uns Yu Yang berichtet. Wer eine Wohnung kauft, erhält in der Regel nur die reinen Betonwände und Fußböden ohne Ausstattung. Nicht mal sanitäre Elemente sind installiert. Der Grund und Boden gehört nach wie vor dem Staat. Das heißt, wenn ein Haus, aus welchen Gründen auch immer, wieder abgerissen werden muss, hat der Wohnungsbesitzer nur die Wahl, in eine andere ihm vom Staat angebotene Wohnung zu ziehen oder eine finanzielle Entschädigung anzunehmen. Trotzdem sind alle froh, überhaupt ein Dach über dem Kopf zu haben, denn bei der millionenfachen Zuwanderung von Landarbeitern aus dem Landesinneren, ist die Wohnungsfrage ein immerwährendes, ernsthaftes Problem. Der Neubau von großen Städten in kurzer Zeit wird als ein Ausweg angesehen. Und in der Tat haben wir in der Zeitung zu Hause gelesen, dass China beabsichtigt, eine 40-Millionenstadt im Landesinneren völlig neu aus dem Boden zu stampfen.

Yu Yang gibt uns auch gleich noch einen kleinen Einblick in die heutigen Gepflogenheiten der Eheschließung.

„In erster Linie geht es nicht mehr nur darum, wer wen liebt", sagt sie, „sondern wer wem was zu bieten hat. Es ist Sitte von alters her, dass eine Tochter in das Haus der Schwiegereltern zieht und für sie wie für ihre eigenen Eltern sorgt. Sie erhält als Mitgift ein wertvolles Geschenk in Form einer Uhr oder einer Waschmaschine o.ä. Der Sohn einer Familie ist verpflichtet, für eine eigene Wohnung zu sorgen. Dabei wird er natürlich von seinen Eltern unterstützt, denn in dem Alter, in dem er normalerweise zu heiraten beabsichtigt, hat er noch wenig Gelegenheit gehabt, ein eigenes Vermögen zu erarbeiten. Eine schlichte, kleine Wohnung von 40 m² kostet etwa 10000 Yuan/m². Das durchschnittliche Einkommen eines einfachen Arbeiters liegt bei 600 Yuan /Monat. Natürlich gibt es auch Kredite. Aber die Zinsen sind mit 6% so hoch, dass er Zeit seines Lebens damit zu tun hat, sie abzuarbeiten. Die Freude über die Geburt eines Sohnes ist daher in Zeiten der Ein-Kind-Ehe etwas gedämpft."

Das alles macht uns sehr nachdenklich. Wie es scheint, sind aber die meisten Menschen zufrieden mit ihrem Los und die Wohnhochhäuser, an denen wir vorüber fahren, stehen auch nicht leer. Auf Nachfrage erfahren wir, dass es auch Sozialwohnungen gibt. Die Miete ist für Geringverdiener erschwinglich und die Nebenkosten sind relativ gering. Strom kostet generell nur umgerechnet 0,5 Cent. Trotzdem ist es an der Tagesordnung, dass vor allem die Wanderarbeiter sich zusammentun und zu viert oder gar zu sechst eine solche Wohnung mieten.

Es gäbe noch tausend Fragen, aber inzwischen sind wir alle wieder im Bus unterwegs und nehmen Kurs auf eine **Seidenmanufaktur**.

Über die Züchtung von Seidenraupen und die Gewinnung und Verarbeitung von Seide haben wir schon bei Urlaubsreisen in die Türkei gehört. Deshalb halten wir uns etwas im Hintergrund und betrachten lieber die Schautafeln mit den einzelnen Entwicklungsstadien der Seidenraupe.

„Sieh mal, das sind ja Riesenraupen", flüstere ich meinem Mann zu und auch er ist überrascht von der 5 cm großen und 3 cm dicken Raupe. Gerade in diesem Moment tritt die gut deutsch sprechende Mitarbeiterin der Seidenmanufaktur an den Schaukasten heran und fragt:

„Haben Sie schon solche großen Raupen gesehen? Das ist eine besondere Züchtung. Die Seide ist nicht so fein wie von den anderen Seidenraupen, aber dafür sind die im Wasserbad aufbereiteten Kokons sehr dehnbar und das entstandene Gespinst wird für Bett- und Kissenfüllungen verwendet."

Sie führt die Gruppe an einen Tisch, an dem zwei Mitarbeiterinnen den feuchten Kokon über einen stabilen Drahtbügel in Größe und Form eines Hutes ziehen, ohne dass ein Riss oder Loch entsteht. Aber das ist noch nicht alles. An einem weiteren Tisch bittet sie die Umstehenden, dieses Gespinst anzufassen und vorsichtig über dem Tisch auseinander zu ziehen. Das Unglaubliche gelingt. Ohne Schaden entsteht ein hauchdünnes Flies, das nun in mehreren Lagen zu einer Bettfüllung aufeinandergelegt werden kann, wie uns an einem weiteren Tisch demonstriert wird. Nachdem die Ränder mit dem Seidenbezug befestigt sind, ist eine leichte, luftige und dadurch warme Bettdecke entstanden, die, je nach Anzahl der einzelnen Seidenlagen, auch bei Temperaturen bis zu minus 20°C noch wärmt. Es kommt für uns nicht überraschend, dass wir nun die Möglichkeit erhalten, eine solche Bettdecke zu kaufen und die Auswahl an Größe, Stärke und Design ist reichhaltig. Ich sehe meinen Mann an. Er sieht mich an und dann schütteln wir beide den Kopf. Es ist zwar verlockend, der Preis ist nicht überzogen und das Angebot, mittels Vakuum das Päckchen transportabel zu machen, ist gut, aber wir sind erst am Beginn unserer Rundreise. Die Koffer hatten gerade das für das Flugzeug zugelassene Höchstgewicht und wer weiß, was uns noch so alles an möglichen Mitbringseln begegnet. Drei Mitreisende haben offensichtlich noch Platz im Koffer und ziehen hochbeglückt mit ihrer Neuerwerbung zum Bus.

Natürlich stellt diese Seidenmanufaktur nicht nur Bettzeug her. Es gibt auch Schals, Röcke, Blusen, Kleider, Hemden, Krawatten, ja ganze

Anzüge und wir bekommen Gelegenheit, doch noch ein paar Yuan auszugeben oder die Kreditkarte zu erleichtern. Reine Seide trägt sich gut. Sie ist atmungsaktiv und kühlt an heißen Tagen.

„Sieh mal! Wie findest Du diese Bluse? Sie ist ganz dünn und leicht und nimmt nicht viel Platz weg."

„Dann tun wir doch noch etwas für die chinesische Wirtschaft", sagt mein Mann und stellt sich an der Kasse an.

Beim anschließenden Mittagessen in einem der Luxushotels ist ein reger Erfahrungsaustausch unter den Teilnehmern unserer Reise über chinesisches Handelsgut im Gange. Seelisch und körperlich gestärkt fahren wir dem nächsten Höhepunkt des Tages entgegen.

„Die **historische Altstadt** ist ein Muss für jeden Touristen." So steht es im Reiseführer und auf der „Shanghai Travel Guide Map", die wir im Hotel erhalten haben.

Im Lichterglanz haben wir sie schon erlebt und waren fasziniert von dem zumeist aus dem 18. Jahrhundert stammenden typisch chinesischen Baustil. Wir sind beeindruckt von den eng aneinandergereihten, zweistöckigen Gebäuden mit den kunstvoll verzierten, schwungvollen Dachkonstruktionen, den mit Schnitzereien versehenen Fassaden, den zahlreichen vor den

45

Eingängen der Läden postierten Löwen, Tiger, Elefanten, Schildkröten aus Bronze und dem Ambiente überhaupt.

„Dieser Teil der Altstadt wurde in den 90er Jahren des vorigen Jahrhunderts restauriert, das Äußere im antiken Stil wieder hergestellt, das Innere modernisiert. Heute ist dieses Viertel ein großer Markt." So steht es im Reiseführer. Durch die engen Straßen schiebt sich eine bunte Menschenmenge. Die Mehrzahl sind chinesische Touristen aus dem Inneren des Landes, nur wenige Ausländer. Die Zig-Zag-Brücke führt über einen hübsch angelegten Teich mit kleinen Springbrunnen und träge dahin schwimmenden Kois. Sie ist belagert von Hobbyfotografen, die alle Zeugnis davon ablegen wollen, dass sie an dieser historischen Stätte waren. Wer sie überquert, ist den Dämonen überlegen, die angeblich nur geradeaus laufen können. Am Ende der Brücke steht der 1784 erbaute „Midlake pavilion", das bekannteste Teehaus Shanghais, in dem schon viele honorige Gäste aus kleinen, hauchdünnen Porzellanschälchen den bekömmlichen grünen Tee getrunken haben. So auch unsere Kanzlerin, wie Yu Yang berichtet.

Ohne im Teehaus einzukehren, spazieren wir über die Brücke und finden an deren Ende den Eingang zum **Yu Yuan-Garten**. Dieser bereits im 16. Jhd. angelegte „Garten des Erfreuens" gilt als Kleinod der chinesischen Gartenarchitektur. Berühmt durch die löchrigen Steine, die von der Südküste des Chinesischen Meeres extra hierher geholt wurden. Sie symbolisieren Glück, Wohlstand und langes Leben. Je mehr Löcher der Stein aufweist, desto mehr Glück verspricht er. Der

Eingang zur doppelten Wandelhalle wird bewacht von zwei Löwen. Während das männliche Tier eine Kugel als Zeichen der Macht unter der Pranke hält, tätschelt die Löwin ein Junges. Überall findet man in China Gegensätze symbolisch vereint, im Gleichklang, Yin und Yang.

Nach einer guten Stunde Gartenrundgang aus der Vergangenheit kommend, werden wir auf dem Markt unmittelbar mit der Moderne konfrontiert. Mit viel Lärm und Getön findet gerade ein Karaoke-Wettbewerb statt, bei dem junge Menschen ihr Können zeigen. Leider können wir den jungen Talenten keine Aufmerksamkeit widmen, denn Yu Yang eilt schon mit dem Erkennungsfähnchen durch die engen Gassen zum Parkplatz, wo der Bus nur eine halbe Stunde auf uns warten darf.

Wieder geht es im dichten Straßenverkehr

durch die halbe Stadt, den Tunnel unter dem Huangpo hindurch auf die **Halbinsel Pudong**, wo uns die größten Wolkenkratzer Shanghais erwarten.

„Wer Lust hat, kann jetzt mit mir auf den Jinmao-Tower kommen und die Aussicht über die Stadt aus 420 m Höhe genießen", lädt uns Yu Yang ein. Von außen ist der Tower einer Pagode nachgestaltet, supermodern allerdings. Im Inneren befindet sich ein 5-Sterne-Hotel und im oberen Bereich eine Aussichtsgalerie, die sowohl einen Blick nach außen als auch nach innen in den beleuchteten Schacht gewährt. Von ihm gehen ringförmig die Suiten ab, die mit gesonderten Fahrstühlen zu erreichen sind. Mit 9 m/s werden wir ins Aussichtsgeschoss befördert, das sich auf einer Fläche von 1520 m² rings um den Turm erstreckt. Leider ist der Himmel nicht so klar, als dass man das Hochhausgewirr überblicken könnte, aber die unmittelbare Umgebung ist beeindruckend genug. Linker Hand ragt der Global World Financial Tower noch 70 m höher neben uns in den Himmel. Er wird auch der Flaschenöffner genannt. Und in der Tat, der nach oben hin spitz zulaufende Teil des Towers enthält ein offenes Rechteck in der Größe eines Containers und gibt dem Gebilde dadurch das Gesicht eines riesigen Flaschenöffners. Auf der anderen Seite entsteht gerade das Pendant, die Flasche. Mit 632 m ist der Shanghai-Tower das derzeit höchste Bauwerk in der Welt. Erst 2013 fand das Richtfest statt und auch jetzt wird noch an den oberen Etagen gearbeitet. Insgesamt 128 Stockwerke mit 106 Aufzügen soll der Tower dann bergen, der im Keller nochmals 5 Etagen aufweist und am Erdboden wie ein riesiges U-

Boot aussieht. Dazwischen steht, klein und zierlich, der uns gestern Abend durch seine Farbenpracht schon aufgefallene Oriental Pearl TV Tower. Er ist „nur" 468 m hoch, besticht aber durch sein graziles Aussehen mit den zwei kugelförmigen Arbeitsbereichen des Fernsehsenders auf Jadestelzen.

Auf dem Jinmao-Tower herrscht ein ebensolches Gedränge wie auf dem Altstadtmarkt, wie überhaupt an allen Touristenmagneten. Der Lärmpegel gleicht dem eines geschlossenen Schulhofes. Es treibt uns zurück zum Aufzug, mit dem immer 20 oder sogar 30 Personen auf einmal befördert werden. Beim zweiten Anlauf gelingt uns der „Abstieg".

Unten angekommen, habe ich auf einmal das Gefühl, als schwanke der Boden. Es ist nur ein kurzer Augenblick, aber ich frage mich doch, ob nicht vielleicht das ganze Gebäude in Schwingung war, ohne dass wir es bemerkt haben. Ich habe keine Zeit, darüber weiter nachzudenken, denn der Bus kommt gerade auf der anderen Straßenseite angefahren und wir müssen uns sputen, unbeschadet über die vielbefahrene Straße zu kommen. Ampeln werden laut Yu Yang nur als Achtungszeichen in China verstanden. Man kann also als Fußgänger auch bei „Grün" nie wirklich sicher sein.

Der Tag neigt sich bereits dem Abend zu als wir nach rasanter, aber sicherer Fahrt wieder im Hotel ankommen.

„Wer die **Akrobatik-Show** gebucht hat, muss sich etwas sputen", verkündet Yu Yang. Zum Abendessen ist keine Zeit.

„Komisch", sage ich, „Ich habe gar keinen Hunger."

„Ich auch nicht, aber ich würde, ehrlich gesagt, jetzt lieber die Beine hoch legen", antwortet mein Mann.

„Ja, das würde ich auch, aber wie sagte Yu Yang so schön? Schlafen können wir zu Hause."

Die Akrobatik-Show findet im Zirkus statt, einem runden, wabenähnlichen Bau am Rande der Stadt. Es fehlen nur noch fünf Minuten bis zum Beginn der Vorstellung und wir eilen mit weiteren zehn Mitgliedern unserer Reisegruppe um den Palast, um den Eingang noch rechtzeitig zu erreichen. Kaum haben wir Platz genommen, beginnt auch schon die Vorstellung. In rascher Folge treten Akrobaten, Jongleure, Seilkünstler, Schleiertänzer und andere Artisten auf und rufen unsere Bewunderung hervor. Begeistert sind wir von einer Gruppe junger Männer, die mit und ohne

Sprungbrett in schneller Folge durch einen oder mehrere Ringe in unterschiedlicher Höhe mit Vorwärts- und Rückwärts-Salti durch die Manege wirbeln. Den Abschluss und zweifelsfrei auch den Höhepunkt bietet eine Motorradshow.

In einem kugelförmigen Käfig rasen erst zwei, dann bis zu sechs Motorradfahrer auf sich kreuzenden Bahnen gleichzeitig im Kreis und kopfüber herum. Unwillkürlich halte ich den Atem an. Wenn jetzt einer einen Defekt am Motorrad hat, denke ich, aber da ist es auch schon vorbei, das Licht geht wieder an und alles strömt dem Ausgang zu, nicht ohne den Akteuren durch begeistertes, lang anhaltendes Klatschen gedankt zu haben.

„Morgen früh können Sie ausschlafen", begrüßt uns Yu Yang lächelnd wieder im Bus.

„Wir treffen uns erst 9.30 Uhr und fahren dann

gleich zum Bahnhof. Wer will, kann noch einen Bummel in die nähere Umgebung machen, aber bitte seien Sie pünktlich wieder da, denn der Zug wartet nicht auf uns."

Morgen geht es also weiter.

Es kommt mir vor, als seien wir schon wochenlang hier. So viel Interessantes und Ungewöhnliches haben wir gesehen und doch nur einen Bruchteil dieser Megastadt kennengelernt.

Bye, Bye Shanghai!

KREUZFAHRT auf dem YANGTZE

Ein Hochgeschwindigkeitszug bringt uns von
Shanghai nach Yichan, dem Ausgangspunkt
unserer Drei-Schluchten-Kreuzfahrt auf dem
Yangtze oder Jangtsekiang, wie der Fluss auch
genannt wird. Obwohl unser Zug mit einer
durchschnittlichen Geschwindigkeit von 250
km/h dahinsaust, benötigen wir acht Stunden,
um die 1850 km zu bewältigen, die zwischen
der zweitgrößten Stadt Chinas und der

„kleinen" Stadt **Yichan** mit gerade mal 1,3 Millionen Einwohnern liegen. Vor dem Bau des Staudamms waren es sogar nur 200 000 Einwohner.

Dank der Umsicht Yu Yangs sind wir bestens auf die Fahrt vorbereitet. Wir haben uns mit Reiseproviant im naheliegenden Supermarkt eingedeckt, fanden sogar eine Packung Würstchen und Dosenbier. Im Zug gibt es nur heißes Wasser, mit dem man einen Tee oder eine Tütensuppe aufbrühen kann. Für Tee und entsprechende Plastikbecher hat unsere gute Fee selbst gesorgt. Wir haben Plätze am Fenster in der Mitte des Abteils und können bequem die Füße ausstrecken. Die Koffer sind in den Gepäckablagen verstaut. Das Handgepäck passt unter den Sitz. Der Zug ist bis auf den letzten Platz besetzt.

„Sie haben eine günstige Reisezeit gewählt",

lobt uns Yu Yang.

„Wenn das Frühlingsfest den Jahreswechsel einläutet, ist es schwer, Platz in irgendeinem Verkehrsmittel zu finden. Alle Flugzeuge, Züge und Busse sind lange vorher ausverkauft. Der Verkehr auf den Straßen und Autobahnen ist so dicht, dass es nur langsam vorangeht. Es ist bei uns Sitte, dass zu diesem Anlass jeder seinen Heimatort aufsucht. Auch alle Wanderarbeiter machen sich dann auf den Weg, vorausgesetzt, dass sie das notwendige Fahrgeld gespart haben. Manche arbeiten nur für dieses Ziel. Einigen gelingt es nicht, jedes Jahr nach Hause zu fahren, denn sie kommen oft aus Regionen hoch in den Bergen, die Tausende Kilometer weit entfernt sind. Sie glauben dann, dass sie ein ganzes Jahr unglücklich sein werden. Aber sobald sie das Geld zusammen haben, fahren sie im nächsten

Jahr nach Hause."

Von den riesigen Entfernungen haben wir schon eine kleine Kostprobe während des Fluges bekommen, aber vor Ort erscheint uns dieses Land noch viel gewaltiger und wir ahnen schon, dass wir in den vierzehn Tagen unserer Rundreise nur ein winziges Zipfelchen davon sehen werden.

Obwohl wir Shanghai schon vor zwei Stunden hinter uns gelassen haben, rauschen wir immer wieder an bereits bezogenen oder noch im Bau befindlichen Hochhäusern vorüber. Auch begonnene Brückenkonstruktionen und Straßennetze, die ins Nirgendwo führen, können wir sehen. Dazwischen erscheinen kleine, bewohnte Flecken in einer sich weithin erstreckenden Wasserlandschaft. Manchmal stehen vereinzelte Häuser wie Inseln inmitten eines überfluteten Feldes. Wir fahren durch das Mündungsgebiet des Yangtze.

„Bis zur Errichtung des Drei-Schluchten-Staudammes waren hier Flutkatastrophen an der Tagesordnung. Allein in den letzten 100 Jahren kosteten sie drei Millionen Menschen das Leben. Dem Einhalt zu gebieten, war einer der Hauptgründe, die zum Bau des Staudammes führten. Die zwei anderen Hauptgründe sind kostengünstige Stromerzeugung und Verlängerung des Schifffahrtsweges für große Frachtschiffe", erfahren wir.

Es ist schon spät, als wir in Yichan ankommen, nach 22.00 Uhr. Aber wir sind noch nicht am Ziel. Unsere Koffer, die wir keinesfalls selbst tragen sollen, werden von zwei Besatzungs-mitgliedern der Schiffscrew auf zweirädrige Karren getürmt und zu einem Bus befördert, der uns in etwa 45 Minuten, am Rande der

Stadt Yichan vorbei, zu unserem schwimmenden Hotel bringt. Es heißt: „President No 7" und ist unsere Bleibe für die kommenden drei Tage.

An Bord begrüßt uns Herr Chang Li, der auf dem Schiff für die Betreuung aller ausländischen Gäste verantwortlich ist. Außer uns hat noch eine weitere deutsche Reisegruppe eingecheckt. Alle anderen Touristen sind Chinesen.

Wir wissen schon, dass Li, so wie Yu Yang, mit seinem Vornamen angesprochen werden möchte. Aber er hat noch einen Zusatz, er nennt sich „Meister Li", nachdem er einmal einen Sportwettkampf für sich entscheiden konnte und man ihm den Titel „Meister" verlieh. Darauf ist er ganz stolz.

Wir wissen auch, dass es heute kein Abendessen mehr geben wird. Umso erstaunter sind wir, als uns Meister Li ins Bordrestaurant bittet und zu einem Begrüßungstrunk einlädt. Es gibt Rotwein und Weißwein und einen starken, beinahe öligen Kräuterschnaps, der nach Nüssen schmeckt. Dazu gibt es ein paar winzige Kekse. Der Schnaps steigt mir gleich in den Kopf und ich bin wie benommen, als der Meister, ganz clever, den Vorschlag macht, doch ein All-Inclusive - Getränkepaket zu kaufen. Da könne man trinken, soviel man wolle und bräuchte sich um nichts mehr zu kümmern. Es kostet nur 200 Yuan pro Person, das sind umgerechnet etwa 25 Euro. Mein Mann nickt zustimmend und auch ich bin geneigt, dem zuzustimmen. Ganz fix kommen zwei nette, in hübsche, chinesische Trachten gekleidete, junge Mädchen und binden uns ein kleines Bändchen mit einer Blüte aus winzigen Perlen um das Handgelenk als Zeichen für den trinkfesten All-Inclusive-Gast. Sie haben viel zu tun, denn auch die meisten anderen Mitglieder unserer Reisegruppe nehmen das Angebot an. Inzwischen verzieht sich der Nebel in meinem Kopf und ich beginne zu rechnen. Wie lange sind wir eigentlich an Bord? Drei Tage. Wie oft speisen wir an Bord? Auch nur drei Mal, denn tagsüber speisen wir gemäß unserem Exkursionsprogramm irgendwo unterwegs. Wasser und Tee gibt es ohnehin gratis. Mein Mann trinkt abends lieber Bier als Wein. Was also sollen wir mit zwei All-Inclusive-Paketen? Ich präsentiere meinem Mann diese Rechnung und er streift sofort das Bändchen von seinem Handgelenk und gibt den Rücktritt von diesem verlockenden Angebot kund. Meister Li guckt etwas enttäuscht, akzeptiert aber die Entscheidung ohne Kommentar. Unsere Nachbarn am Tisch treffen ganz schnell die gleiche Entscheidung, aber alle anderen sind gefangen in ihrem Glauben an diese günstige Gelegenheit.

Nach einer kurzen Information über den Reiseverlauf dürfen wir endlich unsere Kabine aufsuchen. Wir haben die Nummer 506, also Deck 5. Die Koffer stehen schon vor der Tür. Wie schon mehrfach erlebt, will unsere Zimmerkarte nicht so wie wir. Erst nach etlichen Versuchen mit Drehung rechts und Drehung links, einmal nach oben und einmal nach unten, haben wir Glück und unser Sesam öffnet sich. Die Kabine ist großzügig in der Länge, mit Balkon und kleiner Teestation. Jedes Bett gleicht einem Doppelbett , wie sie zu Hause üblich sind.

„Kommt hier noch jemand dazu?", fragt mein Mann irritiert, aber sie sind tatsächlich nur für uns bestimmt. Mitternacht ist inzwischen vorbei. Ich kann kaum noch die Augen offen halten. Duschen fällt heute Abend aus. Nur noch Zähne putzen und dann ab, in die Buntkarierten.

*

Die Nacht zum Sonntag wird etwas unruhig, denn ein heftiges Gewitter entlädt sich genau über unserem Liegeplatz. Der Morgen ist jedoch strahlend hell. Die Sonne scheint und die Temperatur ist angenehm frühlingshaft.

Die „President No 7" hat sich schon auf den Weg gemacht. Nur wenige Kilometer hinter Yichan beginnt die erste Schlucht.

Die **Xiling-Schlucht** ist die längste der drei Schluchten, 76 km lang. Eigentlich ist sie die Zusammenfassung mehrerer Schluchten, die durch eine Unmenge von gefährlichen Untiefen, schnellen Wasserläufen und Riffen gekennzeichnet waren und zu etlichen Schiffskatastrophen geführt haben, bis kurz hinter Yichan 1981 das Gezhouba Wasserprojekt in Betrieb ging, das als Testlauf für den Drei-Schluchten-Staudamm diente. Es gebot dem wilden Treiben des Flusses Einhalt. Der Wasserstand erhöhte sich und die Schifffahrt wurde sicherer. Der Yangtze ist an dieser Stelle bis zu zwei km breit und Schiffe bis zu einer Tonnage von 10 000 t können ihn seitdem befahren, denn der Wasserspiegel hat sich um 15 m erhöht. Über drei Schleusen gelangen sie in den oberen Teil des Flusses.

Bis heute gibt es vor allem im Ausland Diskussionen darüber, dass der Eingriff in die Natur die einmalige Schönheit der Landschaft unwiederbringlich zerstört habe. Das ist gewiss wahr. Andererseits hätten wir heute kaum die Möglichkeit, mit dem Luxuskreuzfahrtschiff den Yangtze zu befahren. Die Schluchten sind, wie nicht nur ich finde, auch so noch beeindruckend schön. Der Fluss windet sich entlang steil aufragender Felsen dahin. Sie sind fast bis zur Uferzone mit üppigem Grün bewachsen. Auch das Wasser ist moosgrün und sauber. Schlamm und Schlick, der sonst den Weg bis in den Ozean fand, werden durch riesige Filteranlagen am Drei-Schluchten-Staudamm aufgefangen und regelmäßig beseitigt. Vielleicht hätte ich vor 50 Jahren Gefallen daran gefunden, mit einem kleinen Holzschiff eine Wildwasserfahrt durch die Stromschnellen zu machen, heute ziehe ich das ruhige Dahingleiten unseres Schiffes entschieden vor.

Bis zum Drei-Schluchten-Staudamm sind es noch zwei Stunden Fahrt, die wir dazu nutzen können, das Schiff näher zu erkunden.

Neben dem Speisesaal gibt es ein gemütliches Klubrestaurant mit kleiner Theaterbühne. Mehrere kleinere Räume stehen Karaoke-Freunden oder Mahgong-Spielern zur Verfügung. Gegenüber der Rezeption hat ein Fotoshop Platz gefunden. Eine breite geschwungene Marmortreppe führt zu den oberen Decks. Inmitten des Atriums prangt ein Kristalllüster und erhellt einen Rundgang mit kleinen Boutiquen. Wer nicht gern Treppen steigt, kann einen der beiden Aufzüge benutzen, die außenbords nach oben bis zum Sonnendeck führen. Im untersten Deck befindet sich der Spa-Bereich mit Mini-Pool und Massageräumen. Die Aufgänge zu den 230 Kabinen sind einladend mit großen Porzellanvasen oder kleinen Ziertischen, mit Blumengestecken dekoriert. Über hundert Mitarbeiter sorgen laut Bordinformation für unseren angenehmen Aufenthalt.

Um 10.00 Uhr lädt der Schiffsarzt, Dr. Liao, alle Interessierten zu einem Vortrag über Akupunktur ein. Das trifft sich gut. Mein Mann schleppt sich schon seit Tagen mit einer Erkältung herum und hatte heute Nacht sogar Fieber. Da kann er den Doktor gleich mal nach einer Medizin fragen.

Ich hatte schon vor einiger Zeit eine Akupunkturbehandlung, die mir sehr geholfen hat. Einen Vortrag darüber brauche ich also nicht mehr. Dafür genehmige ich mir eine Fußmassage, die mir außerordentlich gut tut. Inzwischen haben wir unser Tagesziel erreicht. Grau und massiv liegt das gewaltige Bauwerk des **Drei-Schluchten-Staudamm**es vor uns. Das Gezhouba- Wasserprojekt haben wir nachts passiert, sodass wir keinen Vergleich anstellen können. Dieser Staudamm vor uns ist jedoch mit seinen 185 m hohen Betonwänden ohnehin so beeindruckend, dass er jedem Vergleich standhalten kann. Er erstreckt sich über 2309 Meter von einem Ufer zum anderen des hier erneut gebändigten Yangtze. Wie weit das ist, erfahren wir bei der Fahrt mit dem Bus über die Krone des Dammes auf die andere Seite. Hier befindet sich der Aussichtspunkt, ein monumentales Bauwerk, von dem aus man normalerweise einen guten Überblick über den Damm gewinnen kann. Diesmal haben wir Pech, denn es beginnt zu regnen.

Wir hatten zu Hause gelesen, dass es in den Schluchten zumeist bewölkt ist und oft regnet, sodass man von der schönen Landschaft nur wenig sehen kann. Wir haben uns auf Regen eingestellt. Haben Regencapes und Schirme eingepackt. Aber jetzt liegen sie in der Kabine auf dem Schiff und nützen uns nichts.

Wenigstens meinen Regenhut habe ich mitgenommen. Mein Mann ist froh, dass ich ihn
überredet habe, seine Lederschirmmütze
aufzusetzen. So bleibt wenigstens der Kopf
einigermaßen trocken.

Eine Prozession bunter Regenschirme
erklimmt den steilen Weg zum Aussichtspunkt.
Der Blick in die Runde ergibt: Es ist alles grau
in grau. Die Sicht reicht kaum bis ans andere
Ufer des Yangtze. Den Fotoapparat brauchen
wir hier nicht. Unweit des Aussichtsturmes
befindet sich die Schleusenanlage. Über fünf
Stufen geht es die 185 Meter hinauf bis zum
angestauten Teil des Flusses. Die werden
allerdings nur in der Regenzeit, im Juni, Juli
voll genutzt, wenn das Wasser aus den Bergen
in den Fluss strömt. Jetzt beträgt der
Wasserstand über Grund 175 m. Dafür reichen
vier Schleusenstufen. Nun kommt unser

Fotoapparat doch noch zum Zuge, denn der Schleusenbereich ist nicht so weit entfernt und sehenswert. Sogar eine Grünanlage mit Pflanzkübeln ziert das sonst so graue Bauwerk.

„Dahinter ist noch ein Schiffshebewerk im Bau", informiert uns Yu Yang. Aber das bleibt für unsere Augen nur ein schemenhaftes Gebilde.

Angesichts des zunehmenden Regens sind alle Mitglieder unserer Reisegruppe einverstanden, die Besichtigung auf eine halbe Stunde zu begrenzen.

„Wir werden in Chongqing noch das Drei-Schluchten-Museum besichtigen. Da können Sie sich noch eingehender informieren", tröstet sie uns und dann lädt sie mich ein, unter ihren Schirm zu kommen, was ich natürlich gern annehme.

Am Abend erleben wir dann die Schleusen noch einmal aus nächster Nähe, denn wir fahren noch bei Tageslicht in die erste Kammer ein. Es ist schon ein komisches Gefühl, eine 15 m hohe Betonwand neben sich aufragen zu sehen und es vergeht auch eine ganze Weile, ehe die eigentliche Schleusung beginnt, denn wir sind nicht die einzigen Schiffe in der Schleusenkammer. Auch die „MV Katarina" hat hinter uns fest gemacht, ein Luxusschiff, wie unseres.

„Es wird die ganze Nacht dauern, bis wir die vier Schleusen hinter uns lassen können und auf dem eigentlichen Stausee ankommen. Sie können beruhigt zum Abendessen gehen und danach immer noch eine graue Wand besehen," sagt Meister Li, der auf dem Schiff wieder das Kommando übernommen hat.

Ja, wir können die graue Wand sogar vom

Tisch aus sehen, denn die Fenster im Speisesaal gewähren einen guten Ausblick. Wir sitzen mit vier Reisenden aus Bayern und dem bulgarischen Ehepaar an einem runden Tisch, der auch hier in der Mitte eine drehbare Platte hat, auf der die einzelnen Speisen dargereicht werden. Jede Mahlzeit wird in China zu einem Erlebnis. Es gibt immer wieder neue Gerichte, die wir kosten müssen, Gemüse, das wir nicht kennen und für das sogar Yu Yang keinen deutschen Namen weiß. Zuvor gibt es kleine, kräftig gewürzte Vorspeisen, die wir mögen. Nicht alle probieren alles, aber es muss trotzdem keiner hungrig vom Tisch aufstehen.

Bisher hatten wir kaum Gelegenheit, unsere Mitreisenden näher kennenzulernen. Deshalb bin ich erfreut, dass meine bulgarische Tischnachbarin sehr gut deutsch spricht.

„Woher kommen Sie?", frage ich.

„Jetzt komme ich aus Nürburg. Hier lebe ich seit 10 Jahren. Aber zu Hause bin ich in einem kleinen Ort in der Nähe von Varna. Mein Mann wohnt noch dort."

„Wie kommt es, dass Sie allein in Deutschland leben?", frage ich verwundert.

„Ich lebe nicht allein. Ich wohne bei meiner Tochter. Sie hat einen deutschen Mann und arbeitet in einer großen Firma. Da betreue ich die zwei Enkel, wenn sie aus der Schule kommen."

„Und Ihr Mann? Wollte er nicht mit Ihnen nach Deutschland kommen?"

„Wir haben einen großen Garten mit etlichen Obstbäumen. Da gibt es viel Arbeit. Außerdem hält er noch 20 Bienenvölker, die uns helfen, die Rente aufzubessern. Und da ist auch noch sein Vater, der betreut werden muss. Er ist jetzt

93 Jahre alt geworden und kann sich nicht mehr allein versorgen."

„Da sehen Sie sich wohl nicht so oft, denn auch mit dem Flieger braucht man sicher eine lange Zeit, bis man an Ort und Stelle ist."

„Das geht so", antwortet sie, „Ich fliege immer in den Ferien mit den Enkeln nach Hause und außerdem machen wir in jedem Jahr eine schöne gemeinsame Reise."

„Und woher können Sie so gut Deutsch?"

„Ich war bis zu meiner Pensionierung Deutschlehrerin in Bulgarien. Aber nach der neuen Regelung darf ich jetzt dort nicht mehr arbeiten, sondern muss in Rente gehen. Hier arbeite ich aber wieder, wenn auch nur für vier Stunden am Tag. Ich unterrichte Deutsch für Immigranten an einem Institut. Damit kann ich meine Rente etwas aufbessern."

„Da sind Sie sehr mutig. Aber ich finde es gut,

dass Sie sich das zugetraut haben, denn so ganz einfach ist das bestimmt nicht."

„Das können Sie wohl laut sagen", entgegnet sie mit einem vielsagenden Lächeln. „Da könnte ich Ihnen Sachen erzählen...!"

Leider kommen wir nicht mehr dazu, das Gespräch fortzusetzen, denn der Nachtisch ist bereits serviert und aufgegessen und unsere fleißigen Tischstewardessen warten darauf, abräumen zu können.

In einer halben Stunde findet im Klubrestaurant eine kleine Theatershow statt unter dem Motto: Vergangenheit und Zukunft Chinas in Gesang und Tanz. Das wollen wir auf keinen Fall versäumen.

*

Als am nächsten Morgen um 6.30 Uhr der Weckruf in der Kabine ertönt, haben wir die letzte Schleusenkammer längst verlassen.

Auch die Xiling-Schlucht liegt schon hinter uns. Wir haben bereits vor der Stadt Badong festgemacht. Hier beginnt zugleich die **Wu-Schlucht.** Bevor wir sie jedoch durchqueren, werden wir einen Abstecher in einen Nebenfluss des Yangtze machen und dort noch etwas von der Ursprünglichkeit der Landschaft rings um das Wu-Gebirge sehen und erleben können, wie die Menschen hier einst lebten. Um das Wu-Gebirge, das aus zwölf Gipfeln besteht, ranken sich viele Legenden. Namhafte Dichter verewigten es in ihren Gedichten. In den meisten Fällen wird es als geheimnisvoll und wolkenverhangen beschrieben. Unser Marco-Polo-Reiseführer beugt Enttäuschungen vor, indem er darauf hinweist, dass die Gipfel nur sehr selten zu sehen sind und es hier oft regnet. Aber Petrus meint es gut mit uns. Nach dem Regen am Staudamm und einer verregneten Nacht ist der Himmel heute früh fast klar. Die Sonne scheint und nur ein paar vereinzelte Wölkchen ziehen über dem Bergmassiv dahin.

Als wir das reichhaltige Frühstücksbuffet im Shangri-La-Speiseraum verlassen, liegt bereits ein kleineres Motorschiff neben dem unsrigen. Es sieht aus wie ein schwimmender mehrstufiger chinesischer Pavillon. Die Aufbauten auf den Decks sind von einem Kranz orangefarbener Dachsteine umgeben, die Enden geschwungen wie an den kaiserlichen Palästen, am Heck die rote Fahne mit den fünf Sternen. Es bietet uns und fünf weiteren Reisegruppen ausreichend Platz, um alle Sehenswürdigkeiten entdecken und in Ruhe betrachten zu können. Vor allem die Fotografen unter uns wollen einen guten Platz an der Reling finden. Bruno aus Bayern ist schon eifrig dabei, jeden Schritt, den seine Frau über das schwankende Brett tut, das die beiden Schiffe miteinander verbindet, auf die Linse zu bannen.

Unsere Exkursion führt uns den **Shennang-Fluss** aufwärts.

„Es ist eine „Drei-Mini-Schluchten-Fahrt", erklärt uns Meister Li, der hier die Verantwortung für alle deutschsprachigen Passagiere hat.

„Die Longmen-Schlucht und die Bawu-Schlucht haben nach Aufstauung des Yangtze nicht mehr ganz so tiefe Täler. Die gefährlichen Stromschnellen und Untiefen sind verschwunden. Dafür erscheint der Fluss jetzt in einer sanften Schönheit, windet sich wie eine Schlange durch Felsen, die steil ins Wasser abfallen. Sie bergen manche Überraschung. Gleich hinter der nächsten

Biegung aufgepasst! In etwa 50 m Höhe hängt in einer Felsspalte ein Holzsarg. Er hängt dort schon seit mehr als tausend Jahren und niemand weiß bisher, wie er dort hingekommen ist, denn es gibt keinen Zugang. Weder von oben, noch von unten. Die Menschen, die hier lebten, gehörten zum Stamme der Ba. Man vermutet, dass der Sarg in dieser Höhe die Möglichkeit bot, dem Himmel näher zu sein und damit der Seele eine schnellere Erlösung zu gewähren. Aber wer ihn wie dahin gebracht hat, ist selbst den Wissenschaftlern ein Rätsel. Sie haben noch weitere Särge an anderer Stelle entdeckt und verschiedene Methoden ausprobiert, um an sie heranzukommen. Letztlich haben sie sie aber mit moderner Technik geborgen. Sie werden nun in einem wissenschaftlichen Institut untersucht. Nur dieser eine hier ist noch geblieben. Haben ihn alle gesehen? Wir kommen auf der Rückfahrt noch einmal vorbei. Dann haben Sie eine zweite Chance."

Man muss schon sehr genau hinsehen, um das schmale Gebilde, das in großer Höhe knapp einen Meter aus dem Fels ragt, überhaupt zu entdecken, aber wir haben es geschafft. Der Fels ist samt Sarg dokumentiert.

Hinter der folgenden Biegung weist uns Meister Li auf einen Berggipfel hin, der die Form eines Elefanten haben soll. Es gehört viel Phantasie dazu, ihn als solchen zu erkennen. Was wir sehen, ist der Ju hè, einer der zwölf Gipfel des Wu-Gebirges. In der Übersetzung wird er „Sammlung von Störchen" genannt, hat also mit einem Elefanten nicht viel gemein. Wir sehen in der Folge auch noch den "Feifeng - Fliegender Phönix" und den „Cuiping – Jadeparavent".

Die übrigen neun Gipfel des Wu-Gebirges bleiben uns verborgen. Dafür erscheint jetzt auf der Steuerbordseite eine ca. 20 m hohe Öffnung im Felsen. Sie gehört zu einer Höhle, die 150 m lang sein soll und auch mit Booten befahren werden kann.

Sollte das unser Ziel sein? Yu Yang hatte uns nämlich gesagt, dass wir am Ende des schiffbaren Teils des Shennang in kleinere Holzboote umsteigen und dann die Fahrt noch ein Stück fortsetzen werden.

Aber nein, wir gleiten an der Höhle vorüber und weit und breit sind keine Holzboote in Sicht.

Stattdessen informiert uns Meister Li, dass wir nun in der Dicui-Schlucht angekommen sind, wo man normalerweise Schwärme von Schwalben am Himmel sehen kann und Affen am Ufer zwischen grünem Bambus mit lautem

Geschrei auf sich aufmerksam machen. Die Schwalben sind wohl noch nicht aus dem Winterquartier zurück und die Affen halten sicher noch ein Mittagsschläfchen. Jedenfalls ist keiner von beiden zu sehen. Die Schlucht ist aber auch ohne Schwalben und Affen sehenswert. Das Wasser ist dunkelgrün und glasklar. Das Ufer ist bis auf eine Linie von etwa fünf Metern bewaldet. Darunter erscheinen schroffe Felsen, die vor der Stauung das Ufer säumten. Diese fünf Meter veranschaulichen zugleich die Grenze zwischen Sommer- und Winterzeit, denn wenn im Sommer die Regenzeit den Stausee auffüllt, steigen auch die Pegel der Nebenflüsse. Dann endet die Wasserlinie unmittelbar unter den Bäumen.

Auf der gegenüberliegenden Seite flacht das Ufer ab und endet in einem weiten Tal. Ab und an sieht man nun auch einzelne Hütten und modernere Häuser, die an Ferienbungalows erinnern. Ein Fischer holt gerade eine Reuse ein. In dieser Region leben die Tu Jia, eine nationale Minderheit, die als Nachfahren der Ba gelten. Sie haben bis heute viele traditionelle Riten und Gebräuche beibehalten. Sie haben keine eigenen Schriftzeichen, aber viele Volkslieder und Tänze, die sie voller Stolz den zahllosen Touristen aus dem In- und Ausland präsentieren.

Vor uns kommt jetzt ein größeres Holzgebäude in Sicht, das sich als die Station entpuppt, auf der wir in „Bohlenboote" umsteigen. Das sind flache Ruderboote, die von den Einheimischen mit einfachen, hölzernen Rudern bewegt werden. Drei Männer im Bug und zwei im Heck treiben das Boot mit ihren muskulösen Armen voran, weiter flussaufwärts.

In einem solchen Boot hat unsere ganze
Reisegruppe Platz. Wir sind vorschriftsmäßig
mit orangegelben Rettungswesten ausgestattet
und gelangen dank helfender Hände der
Ruderer über die schlüpfrigen Bootsplanken
zu den uns zugewiesenen schmalen
Sitzbrettern. Yu Yang, die uns im Boot
begleitet, erhält Verstärkung durch Yil Chen,
eine örtliche Touristenführerin. Sie gehört

auch zum Stamme der Tu Jia und erzählt uns etwas über das Leben der Bauern gestern und heute in dieser Region.

„Typisch für die Beförderung von Booten und kleinen Schiffen war früher das Treideln. Dazu stiegen die Schiffer bis auf den Steuermann aus, nackt, damit die Sachen nicht nass wurden, denn sie hatten selten Kleidung zum Wechseln. Dann zogen sie mit geflochtenen Bambusseilen die Kähne am steilen Felsufer stromaufwärts. An einigen Stellen sind heute noch die Kerben der Seile zu sehen, die die schwere Last in den Fels gerieben hat. Unsere Männer werden Ihnen das jetzt auf einem kleinen Abschnitt demonstrieren. Allerdings behalten sie ihre Kleidung an."

Na, Gott sei Dank. Ich bin nicht scharf darauf, nackte alte Männer zu sehen.

Schon ist unser Kahn nah an die Felsen heran

gefahren und drei Ruderer sind in das seichte Wasser gesprungen. Sie sind auf die das Ufer flankierenden Felsen geklettert, das Bambusseil fest in den Händen haltend. Der Steuermann hat zu tun, das Boot im Fahrwasser zu halten und nutzt sein Ruder als Stake, um es vom flachen Geröllstrand fern zu halten. Nach fünfzig Metern endet die Strapaze und die Männer kehren zum Boot zurück. Man sieht ihnen an, dass es kein Spaziergang war und doch war es sicher ein Kinderspiel im Vergleich mit den Lasten, die zu früheren Zeiten hier gezogen werden mussten.

Nach diesem Schauspiel wird das Boot gewendet und nun erleichtert die Strömung die Arbeit der Ruderer. Als Dankeschön für ihre Mühe und uns zur Freude bringt uns Yil Chen eine Kostprobe des Volksliedschatzes zu

Gehör. Das Lied ist melancholisch und mit seinen auf- und abschwellenden Tönen für unsere Ohren gewöhnungsbedürftig, aber trotzdem schön. Dann singen Yil Chen und Yu Yang noch etwas Beschwingteres im Duett.

„Und nun sind Sie dran", fordern die beiden uns auf und da kommen wir Deutschen ganz schön in Bedrängnis, denn wie üblich kennen wir von den meisten Volksliedern nur die erste Strophe. Zum Glück fällt mir noch etwas ein, was alle kennen und dann trällern wir lautstark. „Jetzt fahr´n wir über`n See über`n See, jetzt fahr`n wir über`n ..."

An der Bootsstation verabschieden wir uns mit einem kleinen Trinkgeld von den fleißigen Ruderern und steigen wieder auf das schwimmende Teehaus um. Noch einmal genießen wir den Blick auf die verträumte Flusslandschaft und die majestätischen Berge und erfreuen uns an der Vielfalt der Natur.

Auf der „President No 7" erwartet man uns mit heißen Kompressen für die Hände und das Gesicht und duftendem Jasmintee, ein Genuss, der dieses schöne Naturerlebnis abrundet.

Der Tag ist jedoch noch nicht zu Ende. Mein Mann hat jetzt einen Termin bei Dr. Liao zum Schröpfen. Kräutertee und Tabletten aus der Naturheilkunde hat er schon bekommen und ausnahmsweise auch, wie verordnet, eingenommen. Nun soll das Schröpfen die Wirkung der Medikamente unterstützen.

Während er sich also die Gummisaugnäpfe auf den Rücken setzen lässt, gehe ich zu einem Vortrag über Seidenstickerei. Eine junge Künstlerin zeigt uns die verschieden starken Seidenfäden und die dazugehörigen feinen Nadeln, von denen man die kleinste kaum ohne Lupe erkennen kann.

„Meine Großmutter ist eine bekannte Künstlerin", sagt sie, „sie stickt schon viele Jahrzehnte und hat alle Prüfungen bestanden, die notwendig sind, um die entstandenen Kunstwerke mit ihrem Siegel versehen zu dürfen."

Und Kunstwerke sind es in der Tat. Gleich, ob es sich um Tiermotive, Blumen, Landschaften oder Porträts handelt, sie sind so originalgetreu gestickt, dass man beim Bewegen des Bildes glaubt, Leben darin zu spüren. Mit hauchdünnen Seidenfäden und tausenden Stichen sind die feinen Härchen eines Katzen- oder Tigerfells in das Material gearbeitet. Haargenau sind die Fältchen und Runzeln eines Greises nachgebildet, sodass ein plastischer Eindruck entsteht.

„Sehen Sie mal hier", fordert uns die junge Frau auf und hält dabei die Abbildung eines sprungbereiten Tigers in die Höhe. Es ist in einen schwenkbaren Rahmen eingelassen. Sie dreht das Bild auf die Rückseite und aus dem Tiger ist ein Leopard geworden. Nach den „Ah" und „Oh" aus unseren Reihen sagt sie : „Das ist doppelseitige Stickerei, etwas ganz Besonderes. Meine Großmutter kann aber auch nach Fotos Stickereien anfertigen. Falls sie also ein Porträt von einem Ihrer Angehörigen haben möchten, können Sie ein Foto schicken und dann stickt sie das Porträt."

„Sticken Sie selber auch und wie lernt man das?", möchte jemand wissen.

„Dafür gibt es keine Schulen. Das kann man nur durch Abgucken und viel Fleiß und Geduld erlernen. Ich sticke auch, aber ich bin natürlich nur eine Anfängerin. Ich darf noch kein Siegel unter meine Arbeiten setzen."

Was sie uns dann als ihre „Anfängerarbeit"

zeigt, ist für mich schon große Kunst, aber sie wehrt bescheiden ab, als Ines das bewundernd äußert.

„Diese Stickereien können Sie auch kaufen. Sie sind natürlich nicht ganz billig, je nach Qualität und Größe aber durchaus erschwinglich. Alle, die jetzt hier im Raum sind, erhalten 50% Rabatt."

Das ist ein schönes Angebot, aber die Reaktion der Besucher ist verhalten. Nur Simone aus unserer Reisegruppe zeigt größeres Interesse und ich bin auch durchaus geneigt, ein kleines Bild der noch jungen Künstlerin zu erstehen.

Wir haben bisher von jeder Reise ein typisches Landschaftsbild mitgebracht, meistens ein Aquarell. Warum nicht diesmal eine Seidenstickerei? Den geeigneten Platz dafür werden wir schon finden. Mein Mann ist einverstanden und so erstehe ich ein kleines

Bildchen, das in zarter Seidenstickerei zwei Boote auf dem Yangtze zeigt und je nach Lichteinfall auf den Wellen zu schaukeln scheint.

Als wir nach dem Abendessen in unsere Kabine kommen, finden wir auf meinem Bett einen Zettel folgenden Inhalts.

"Gute Nachricht fuer huete (heute)

(Rabatt fuer die Waesche)

Wenn Sie Ihre Waeschen wassen lassen moechten, mit 100 Yuan pro Zimmer koennen Sie Ihre Waeschen in Hauskipping abgeben, soviel Sie haben!"

Danke für das Angebot, aber nein, wir haben noch nichts zum Waschen. Ich habe die zwei Koffer extra so gepackt, dass wir für die einzelnen Etappen immer nur einen aufmachen müssen und darin ausreichend Garderobe vorfinden. Die erlaubten 20 kg Freigepäck wurden voll genutzt.

Der kommende   Morgen verspricht erneut bestes Ausflugswetter. Der Himmel ist zwar leicht bedeckt, aber die Temperaturen sind mit knapp 20°C angenehm warm.

Das Ausflugsprogramm beginnt erst am Nachmittag. So haben wir Zeit und Muße, die schroffe Schönheit der **Qutang-Schlucht** auf uns wirken zu lassen. Mit nur acht Kilometern ist sie die kürzeste der drei Schluchten und zugleich die letzte auf unserer Yangtze-Kreuzfahrt.

„Hier habe ich zum ersten Mal das Gefühl, wirklich in einer Schlucht zu fahren", rufe ich meinem Mann zu, der gerade von seiner letzten Schröpfkur auf dem Sonnendeck erscheint.

„Der Yangtze ist hier auch nur 100 m breit und die Felsen, die wir jetzt noch sehen können, sind über 300 m hoch. Vor der Aufstauung erreichten ihre steil abfallenden Wände eine Höhe von 475 m. Gewaltig, was?"

„Ich muss den Kopf richtig in den Nacken legen, um nach oben zu sehen. Wie mit einer Fräse abgeschnitten sehen die Felswände aus. Und sieh nur die Farben! Mal sind sie schwarz und grau, dann wieder beige und kupferbraun, mal uni, mal gemixt."

„Manchmal könnte man meinen, ein Riese hätte das Gestein mit Ornamenten versehen, so gleichmäßig verlaufen die Strukturen in den unterschiedlichen Gesteinsschichten, die den Felsen die Farbe geben."

„Früher zogen sich hier noch über 60 km antike Holzstege in 100 m Höhe an der Felswand entlang, nur 2 bis 3 m breit, ohne Geländer oder Sicherungsmöglichkeiten", erweitert Ewald aus Franken unseren Horizont.

„Jetzt sind sie im Stausee verschwunden auf Nimmerwiedersehen."

Er sagt es mit Bedauern. Auch ich finde es schade, diese Attraktion nicht mehr sehen zu können, aber vielleicht ist es auch ganz gut so, sonst käme noch einer auf den Gedanken, daraus ein Touristenhighlight in Form einer Felswanderung zu kreieren. Darüber möchte ich lieber nicht weiter nachdenken.

Wenig später entdecken wir in einem hellen Abschnitt der Felswand große chinesische Schriftzeichen. Sie sind rot unterlegt und gut lesbar. Allerdings nicht von uns, denn wir kennen uns leider nicht aus mit Wort und Bild.

„Das sind keine Originale."

Yu Yang ist nun auch an Deck gekommen und klärt uns darüber auf, dass es in der Nähe des Kuimeng-Tores, des Ausgangs aus der Qutang-Schlucht, die sogenannte „Fenbi-Wand" gab.

„Hier waren über eine Länge von 100 m und einer Höhe von 10 m zahlreiche Schriftzeichen aus der Zeit der Song-Dynastie eingemeißelt. Auch sie wären für immer in den Fluten des Stausees verschwunden, wenn nicht die zuständigen Stellen rechtzeitig für eine Kopie der alten Inschriften gesorgt und sie sowohl im Museum, als auch als Demonstrationsobjekt an dieser Stelle wieder installiert hätten. Einige Schriftzeichen sind sogar original aus dem Fels herausgeschnitten worden. Wir können sie in Chongqing im Staudamm-Museum besichtigen".

Ihr Inhalt wird uns dennoch verschlossen bleiben. Er war sowieso nicht an uns gerichtet.

Die hohen Felswände driften nun allmählich auseinander und der Yangtze wird mehr und mehr zum See. Die Berge bleiben hinter uns und das Ufer wird langsam flacher. Kurze

Abschnitte lehmigen Bodens werden sichtbar. Sie sind, wie es scheint, mit Gemüse bestellt. Vereinzelt ziehen wir an neu gebauten, kleinen, zweistöckigen Häusern vorbei.

„Das sind Ersatzbauten für die Bauern, deren Dörfer im Stausee versunken sind", erklärt Yu Yang. „Wo es ein bisschen Land gibt, haben die Bauern es vorgezogen, an ihrem alten Standort zu bleiben. Aber für alle ist das Ufer zu schmal und so mussten die meisten Leute in die Hochhäuser in den neu erbauten Städten ziehen. Nicht alle waren glücklich darüber. Vor allem für die älteren Menschen war das ein bedrückendes Gefühl, die freie Natur zu verlassen und in solche Betonkästen zu ziehen. Es blieb ihnen keine Wahl. Ihre Dörfer waren verschwunden. Wo sollten sie sonst hin? Es waren mehr als 1,5 Millionen Menschen, die dieses Los traf."

Noch bevor wir eine Diskussion über das Für und Wider des Staudammbaues beginnen können, erscheint Meister Li und bittet um Aufmerksamkeit für eine Einführung in die Welt der **„Geisterstadt Fendu"**, zu deren Besichtigung wir am heutigen Nachmittag noch fahren werden.

„Die Geisterstadt Fendu hat eine 2000-jährige Geschichte. Sie stammt aus der Zeit der Han-Dynastie, also etwa 200 v.u.Z. Da hat es sich zugetragen, dass zwei Daoisten, nämlich Yin Chang Sheng und Wang Fang Ping nach ihrem Ableben hier zu Geistern geworden waren. Damals nannte man sie der Kürze halber nur Yin und Wang. Zu Deutsch bedeutet Yin Unterwelt oder Hölle. Wang aber heißt so viel wie König oder Fürst. Die Leute glaubten daher, dass hier der „Höllenfürst" lebt. Gleichzeitig trafen die religiösen Auffassungen der Buddhisten und Konfuzianer aufeinander. In der Legende wird gesagt, dass nach dem Tode alle Seelen hierher zurückkehren, sowohl die guten als auch die schlechten. Sie werden geprüft und erfahren dann entweder ihre Bestrafung mit der Verbannung in die Hölle oder dürfen im Paradies weiter leben. Heute werden auch die Lebenden geprüft, die diesen geheimnis-umwitterten Ort betreten. Also, machen Sie sich auf etwas gefasst!"

Und dann demonstriert Meister Li sehr anschaulich, wie die einzelnen Prüfungen vonstatten gehen.

„Durch das Höllentor müssen Sie mit dem richtigen Bein zuerst über eine 40 cm hohe Kante steigen. Die Frauen mit dem rechten Bein, die Männer mit links."

Er tut so, als ob er vor dem Tor stünde und

hebt in einer akrobatischen Zeitlupenübung das linke Bein, um die Schwelle zu bewältigen. Das sieht schon mal ganz lustig aus.

„Als nächstes müssen Sie über die Brücke der Hoffnung. Das sind eigentlich drei Brücken. Die linke verspricht Gesundheit, die rechte Reichtum und die mittlere bedeutet ein langes, glückliches Leben. Zuerst müssen Sie sich entscheiden, was Ihnen am wichtigsten ist. Die Brücke ist nicht so lang, aber ziemlich steil und man darf nur drei Schritte tun."

Wieder hebt er das linke Bein und beginnt in Spagatschritten die imaginäre Brücke zu überqueren. Da diese Vorführung auf dem Sonnendeck des Schiffes quasi als Pantomime stattfindet, findet er ein freundlich lächelndes Publikum, das ihn nicht ganz ernst nehmen kann.

„Die dritte Prüfung ist der Lügendetektor. Hier liegt ein runder Stein in einem 40 cm hohen Steintrog. Der Prüfling darf nur mit einem Bein auf die Halbkugel steigen, muss das andere Bein anheben und drei Sekunden ruhig stehen, bevor er über den Rand des Troges gehen darf. Besteht er die Prüfung, steht ihm der Weg ins Paradies offen."

Bei dieser Übung steht er mit ausgebreiteten Armen auf einem Bein und wackelt beängstigend mit dem Oberkörper. Lautes Lachen und Händeklatschen der Umstehenden sind Lohn und Anerkennung für sein schauspielerisches Talent.

Inzwischen hat die „President No 7" am Nordufer des Yangtze gegenüber der Kreisstadt Fendu festgemacht.

Wie immer, kommt auch hier als erstes der Fotoapparat zum Einsatz. Aber die Silhouette der Stadt ist längst nicht so spektakulär wie Shanghais Skyline. Auch hier dominieren Wolkenkratzer in verschiedenen Höhen das Bild. Sie sind jedoch ziemlich einheitlich in ihrer Gestaltung und erinnern uns sehr an die Zeit der Entstehung von Neubauvierteln in unserem Lande, wenngleich unsere Hochhäuser vergleichsweise klein waren. Da fällt mein Blick auf eine breite Betonstraße, die zum Yangtze hin abfällt und wie eine Rampe in ihn hinein führt. Dort, wo das Wasser den Beton berührt, gehen zahlreiche Menschen irgendeiner Beschäftigung nach. Es sieht jedoch nicht nach Angeln aus.

„Was machen die Leute da?", frage ich meinen Mann.

Er sieht sich die Sache genauer an und meint: "Sieht aus, als ob sie irgendetwas im Wasser schwenken."

„Dort wird Wäsche gewaschen."

Udo aus Hamburg sieht durch sein Fernglas und kann es genau erkennen. Jetzt kommen noch mehr Leute mit großen Kiepen auf dem Rücken und suchen sich ein freies Plätzchen am Ufer, während die ersten Waschmänner, denn es sind tatsächlich nur Männer, das feuchte Waschgut wieder in die Kiepen füllen und die Rampe aufwärts steigen.

„Wo?", „Wo?", fragen jetzt Marina und Susanne aus Mitteldeutschland, die gerade an die Reling gekommen sind.

„Bloß gut, dass wir nicht auf das Angebot von gestern eingegangen sind, unsere Wäsche zum Vorzugspreis waschen zu lassen", sage ich laut, „sonst wäre unsere Wäsche vielleicht auch dabei". Da müssen alle lachen.

Yu Yang erscheint an Deck und bittet uns zum Bus. Die Zeit für die Geister ist gekommen. Die Geisterstadt liegt am Fuße des Ming-Berges und bis dahin werden wir mit dem Bus gefahren.

Bevor wir jedoch in den Bus steigen können, steht uns eine nicht angekündigte Prüfung bevor. Unser Schiff liegt nämlich beinahe 100 Meter weit im Fluss und bis zu seinem Ufer führt eine Kette von mehr oder weniger eng aneinander liegenden Brettern und Bohlen, die über eine Reihe von schwankenden Kähnen ohne irgendeine Form von Geländer gelegt sind. Also besser nicht groß zur Seite sehen, sondern gucken, wohin die Füße zu setzen sind. Es kommen alle unbeschadet ans Ufer, ohne Warnschilder und ohne Geländer!

Nach der Ankunft vor Ort sehen wir uns einem Tor gegenüber, das keinerlei Schwellen aufweist, sondern ebenerdig auf einen Hof führt, in dessen Mitte sich eine respekteinflößende Bronzefigur befindet. Sie stellt den Höllengott dar. Dahinter erhebt sich ein moderner, weißer Flachbau. Yu Yang zückt die Eintrittskarten und wir passieren die Besucherschleuse. Erst danach beginnt die eigentliche Geisterstadt. Nun erreichen wir auch das besagte Hindernis für die erste Prüfung. Bevor wir hindurch treten, wie uns

Meister Li das vorgemacht hat, rufen wir erst im Chor drei Mal „Nihau", um die Dämonen gnädig zu stimmen. Hinter dem Tor erwarten uns schon die ersten guten und bösen Geister, farbige Skulpturen in Lebensgröße, die viel Ähnlichkeit mit Darstellungen aus „Tausend und einer Nacht" haben. Sie sitzen in kunstvoll geschnitzten Schreinen und schauen böse oder huldvoll lächelnd auf uns herab. Ewald ist mit seinem Fotoapparat schon kräftig dabei, alle Details dieser Szenerie einzufangen. Wir haben Mühe, auch ein paar Fotos zu machen, weil er meinem Mann immer wieder vor die Linse springt.

Nach der Begrüßung durch die Geister gelangen wir in einen schön gestalteten Innenhof, in dessen Mitte die drei ange-kündigten Brücken zum Tempel des goldenen Buddhas führen.

„Sie dürfen als Ehepaar auch gemeinsam über die Brücke gehen. Das ist erlaubt. Fassen Sie sich bei den Händen und gehen Sie im Gleichschritt über die Brücke", fordert uns Yu Yang auf.

Das ist gut, denn die mittlere Brücke, die wir uns ausgesucht haben, ist nicht nur stark gebogen, sondern auch vom vielen Betreten glatt wie ein polierter Kieselstein.

„Bei los geht`s los", sagt mein Mann und ich komme mir vor wie beim Dreisprung aus dem Stand. Geschafft! Jetzt können wir voller Zuversicht dem goldenen Buddha gegenübertreten. Er thront auf einem goldenen Sessel mit untergeschlagenen Beinen, wie sich das für einen Buddha gehört. Er blickt uns freundlich entgegen. Wahrscheinlich hat er gesehen, dass wir uns alle Mühe gegeben haben, um zu ihm zu gelangen. Zu seiner

Rechten stehen zwei Minister. Der eine hält eine Schriftrolle und eine Schreibfeder in Händen und scheint froh zu sein, dass wir gekommen sind. Zumindest kann man sein lachendes Gesicht so deuten. Der andere guckt grimmig und hat eine Tafel mit allerhand Zeichen und Zahlen vor sich. Möglicherweise ist er ein Steuereintreiber. Da wollen wir doch lieber schnell weitergehen. Marion und Sibylle aus unserer Reisegruppe drängeln auch schon, denn sie wollen noch fotografieren bevor die chinesische Reisegruppe, die hinter uns das Gebäude betreten hat, sie beiseite schubsen.

Auf dem Weg zu unserer nächsten Prüfung säumen blühende Azaleen und große Bonsais in Granitkübeln unseren Weg. Auch der eine oder andere versteinerte Dämon taucht zwischen den Gewächsen auf und kontrolliert unseren Aufstieg. Yu Yang führt uns zu einer steilen, kopfsteingepflasterten Anhöhe, die eine weitere, zusätzliche Prüfung für uns bereit hält.

„Wer diesen Weg in einem Zug ohne Stopp zurücklegen kann, wird 99 Jahre alt. Sie wissen ja, dass die Zahl 99 eine Glückszahl ist, genau wie die 8."

Sie sieht uns an und ergänzt dann milde: „Gäste über 60 Jahre dürfen auch einmal mittendrin verschnaufen."

Sehr freundlich von ihr, aber sie hätte die zehn Jahre ruhig noch drauflegen können und außerdem haben wir ja auch unseren Stolz. Mein Mann und ich schaffen es ohne Pause, aber oben angekommen, brauche ich erst mal einen Schluck Wasser, um wieder zu Puste zu kommen.

Jetzt sind wir schon fast am Palast des Höllenfürsten angekommen, dem höchsten

Punkt der Geisterstadt. Bereits von hier hat man einen herrlichen Ausblick auf die zu Füßen liegende Kreisstadt Fendu am Südufer des Yangtze. Sie ist erst in den letzten zehn Jahren neu entstanden nachdem die alte Stadt in den Fluten des Stausees versunken ist. Auch hier sehen wir vor allem Hochhäuser und Kräne, die immer noch in Betrieb sind.

„So, jetzt wollen wir doch mal sehen, wer von Ihnen die Wahrheit spricht und wer ein Lügner ist", kündigt Yu Yang die letzte Prüfung an.

„Ach, gehen Sie doch mal mit gutem Beispiel voran und zeigen uns, wie man die Prüfung bestehen kann."

Ines aus Würzburg bekommt viel Zustimmung für ihren Vorschlag. Da kann Yu Yang sich keine Blöße geben. Sie steigt in den steinernen Trog auf die blank polierte Halbkugel, breitet die Arme aus und hebt das linke Bein, denn sie ist ja eine Frau und muss also mit dem rechten Bein still stehen bleiben. „21, 22, 23", alle zählen laut die Sekunden mit. Manchmal können drei Sekunden sehr lang werden. Yu Yang beginnt mit den Armen zu rudern, um das Gleichgewicht zu halten, aber dann hat sie es geschafft und darf dem Höllenfürsten mit gutem Gewissen entgegen sehen.

Nun sind wir an der Reihe. Alle sind sehr um Haltung bemüht und bestehen die Prüfung mit mehr oder weniger Gewackel. Ich hätte nicht gedacht, dass das Stehen auf einem runden Stein derart wehtun kann. Vielleicht liegt es an meinen Schuhsohlen, die nicht biegsam genug sind. Jedenfalls habe ich alle Mühe, die drei Sekunden durchzuhalten. Und dann muss ich ja auch noch das Bein über den Rand des Troges heben. Ein Glück, dass ich zu Hause ein bisschen Sport mache. Sonst wäre ich hier wohl gescheitert.

Der Höllenfürst empfängt uns gnädig und etwas von oben herab. Er starrt auf seine Liste und hakt wahrscheinlich in Gedanken die Prüflinge ab. Rechts und links wird er von zarten, jungen Mädchen in kostbaren traditionellen Gewändern flankiert, die ihm mit einem Wedel kühle Luft zufächeln. Sie sehen nicht gerade begeistert aus. Dann dürfen wir das herrschaftliche Ensemble für die Ewigkeit festhalten und schließlich den Weg ins Paradies antreten. Letzteres schieben wir noch ein Weilchen auf, denn noch ist unsere Seele in einem lebendigen Körper gefangen.

Der Abstieg führt uns an einer siebenstöckigen Pagode vorbei, die jedoch allein den Geistern vorbehalten ist. Ich bin ganz froh darüber, denn jetzt auch noch 99 Stufen zu erklimmen, wäre des Guten zu viel.

Wieder an Bord machen wir uns etwas frisch und begeben uns zum Abendessen ins „Schangri-La". Es ist das Abschiedsdinner. Morgen früh werden wir in Chongqing ankommen und von Bord gehen. Die Serviererinnen haben sich fein gemacht. Sie tragen heute lange, rote, an beiden Seiten geschlitzte Kleider aus feiner Seide mit eingewebtem, goldfarbenem Blütenmuster. Auch wir haben uns fein gemacht, soweit es die mitgenommene Garderobe zulässt. Unsere Tischnachbarn fehlen noch, aber die Bayern sind schon da. Wie immer, erwidern sie unseren Gruß nicht. Irgendwie kann ich mit ihnen nicht so richtig warm werden. Erwin setzt immer eine Leidensmiene auf und brabbelt Unverständliches in seinen nicht vorhandenen Bart. Die Frauen reden über Shoppingtouren, die sie bisher noch nicht machen konnten und schwelgen in Erinnerungen an Mallorca. Das ist kein Thema für mich. Mein Mann sitzt neben einer „lustigen" Witwe aus Überlingen, die das Ableben ihres Mannes vor fünf Jahren immer noch nicht verwunden hat, sich aber sehr einen neuen Partner wünscht, weil das Alleinsein nun mal nicht der Sinn des Lebens sein kann. Er hört sich alles geduldig an, kann und will sie jedoch nicht trösten.

Da kommen endlich unsere bulgarischen Nachbarn und wir haben Gesprächspartner, mit denen wir uns verstehen. Wanda hat heute die letzte Akupunkturbehandlung für ihre Hüfte absolviert und fühlt sich schon viel besser. Mein Mann war das letzte Mal zum Schröpfen bei Dr. Liao. Sein Rücken sieht aus , als sei er der Sparringpartner eines Boxchampions gewesen. Aber die Kur hat geholfen. Das Fieber ist weg und der Schnupfen auch. Nur der Husten hält sich noch hartnäckig.

Der Kapitän verabschiedet sich höchstpersönlich von allen Gästen und wünscht eine gute Weiterreise. Auch Meister Li verabschiedet sich, nicht ohne uns zum abendlichen Theaterevent einzuladen, bei dem er heute nicht nur als Conferencier auftritt, sondern auch gesanglich etwas bieten will. Er hat tatsächlich eine schöne Stimme und singt uns ein deutsches Volkslied vor. „Am Brunnen vor dem Tore...“

Yu Yang erinnert uns noch einmal, dass wir bis spätestens 6.00 Uhr in der Frühe unsere gepackten Koffer vor die Tür stellen müssen. Sie werden von den Kofferträgern der Crew abgeholt und auf direktem Wege zum Flugplatz gebracht, sodass wir für die

Besichtigung der Stadt Chongqing die Hände und den Kopf frei haben und uns um nichts zu kümmern brauchen.

Na, also dann „Chiä chiä", danke allen guten Geistern der „President No 7" und „Dsai djen", Auf Wiedersehen, auch, wenn Letzteres wenig wahrscheinlich ist.

TANZ und TEE in CHONGQING

Der Morgen ist noch genauso verschlafen wie wir. Der Himmel trübe. Ein letztes Mal trete ich auf den Balkon unserer Kabine und sehe einen flachen, grauen Klotz am Ufer des Yangtze. Er sieht aus, wie ein kantiges U-Boot. Dahinter, noch im Frühnebel, ein unendliches Meer von Häusern. Hochhäuser, natürlich, mehr oder weniger hoch.

Wir sind in Chongqing angekommen, der
derzeit größten Stadt Chinas. 32 Millionen
Einwohner sind hier registriert. Wie kommt es,
dass wir bisher noch nie etwas von dieser Stadt
gehört haben? Ach so, na klar, auch sie ist erst
in den letzten zwanzig Jahren aus dem Boden
gestampft worden als Folge des Drei-
Schluchten-Staudamm-Baues. Hier ist das
Gros der Bevölkerung angesiedelt worden,
dessen einstiger Lebensraum jetzt am Grunde

des Yangtze liegt. Aber, so lesen wir im Reiseführer, diese Stadt war sogar schon einmal Hauptstadt. Von 1939 bis 1945 war sie Sitz der Nationalregierung und Ziel heftiger Bombardements als die Japaner ganz Ostchina besetzt hatten.

Die Stadt liegt am Zusammenfluss des Jialingjiang mit dem Yangtze. In ihrem Kern leben jetzt sechs Millionen Einwohner, aber zum Stadtgebiet gehört auch das Umfeld, das zur Zeit noch unbebaut ist. Es ist nicht zu erwarten, dass es hier bekannte historische Stätten gibt. Die Stadt wird sicher einmal durch ihre Modernität auf sich aufmerksam machen. Wie ich gerade so über die rasante Entwicklung in diesem mehr als tausend-jährigen Land sinniere, kommt mein Mann mit dem Fotoapparat auf den Balkon.

„Ich glaube, es lohnt nicht, von hier aus ein

Foto zu machen. Es erscheint noch alles recht farblos."

Kaum ausgesprochen, drängt sich ein orangefarbenes Etwas in unser Blickfeld. Es schwimmt auf dem Yangtze, der hier eher brackig wirkt. Abfallkanister? Bojen, die sich losgerissen haben?

„Nein, das glaube ich jetzt nicht", rufe ich .

„Da schwimmen doch tatsächlich zwei Gestalten im Wasser. Wo wollen die denn so früh hin?"

„Vielleicht waren sie Brötchen holen?", spottet mein Mann.

„Oder tanken", meine ich, denn das Orangefarbene sieht aus wie ein Plastikbehälter, der auf dem Rücken des Schwimmers befestigt ist.

„Schnell, mach mal ein Foto!"

Aber schnell ist nicht mit unserem Fotoapparat

zu machen und so ist der erste Schwimmer mit der Strömung schon an uns vorbei gezogen. Gerade noch in letzter Sekunde kann mein Mann den anderen auf dem Display einfangen.

„Das wird wohl nicht gerade ein Starfoto geworden sein", sagt er, „aber vielleicht kann ich ja zu Hause mit dem Picasa-Programm noch etwas mehr herausholen."

Als wir im Vestibül vor dem Frühstücksraum ankommen, werden gerade unsere Koffer vom Schiff befördert. Wie auf alten Fotografien, tragen die Männer die schweren Koffer mittels einer über Nacken und Schulter gelegten Bambusstange vom Schiff über die schmalen Stege zum Pier, immer drei bis vier Koffer auf jeder Seite. Auch hier gelingt es uns nicht rechtzeitig, ein schönes Foto zu machen. Aber den letzten Träger erwischen wir wenigstens noch von hinten.

Im Speisesaal stehen die chinesischen Touristen schon in dichten Trauben vor den ihnen zusagenden Schüsseln. Die deutschen Touristen bilden, wie gewohnt, eine lange Schlange und achten peinlich darauf, dass nur ja niemand nach vorn geht und sich etwas nimmt, bevor er an der Reihe ist. Die Chinesen stört das nicht. Sie langen zu, wo es ihnen passt. Mahnende Hinweise verstehen sie ohnehin nicht, weder vom Wortlaut, noch vom Sinn.

Es ist genug für alle da, und wenn mal eine Schüssel leer ist, kommt unverzüglich eine neue. Wozu also die Aufregung?

Da man uns als Deutsche kennt, stelle ich mich lieber brav in die Reihe und warte, bis ich dran bin. Nachdem wir uns bei den beiden netten Mädchen, die uns in den drei Tagen immer freundlich und aufmerksam bedient haben, mit einem kleinen Extrabonus und einem herzlichen „Chiä chiä" bedankt haben, gehen wir von Bord und zum Bus, der uns in die Stadt bringen wird.

Bis in das Stadtzentrum von Chongqing sind es 90 Minuten Fahrt. Wieder sind es zahllose Hochhäuser, die das Stadtbild prägen. Erst 1988 wurde das erste Hochhaus in China überhaupt errichtet. Es hatte 15 Etagen und entstand in Peking. Heute findet man allerorts Hochhäuser mit 33 und mehr Etagen.

Wie schon in Shanghai bin ich angenehm überrascht von dem vielen Grün, das die Hochhäuser umgibt und den Eindruck vermindert, sich in einem reinen Häusermeer zu befinden.

Der Bus hält vor einem imposanten Gebäude im traditionellen chinesischen Baustil.

„Das ist der Gouverneurspalast. Er wurde erst

vor zehn Jahren errichtet, aber der Gouverneur legt Wert auf alte Traditionen und setzte sich damit auch bei dem Gebäude durch", erklärt uns Yu Yang.

Wir steigen hier aus und finden einen weiten, mit herrlichen alten Bäumen bestandenen Platz zu Füßen des Palastes. Auf der gegenüberliegenden Seite breitet sich ein moderner Neubau aus Glas und Beton aus.

„Das ist das Drei-Schluchten-Museum. Sie haben jetzt eine halbe Stunde Zeit, in aller Ruhe dorthin zu gehen. Wir treffen uns vor dem Eingang."

Das ist wunderbar, denn auf dem Platz herrscht reges Leben. Dass sich gerade eben aus dem Himmel ein paar Regentropfen verirren, scheint hier niemand zu stören. Wir steigen die schön geschwungene breite Treppe zum Platz hinunter und gesellen uns zu einer

Gruppe von Menschen unterschiedlichen Alters, die nach der Musik aus einem Lautsprecher einzeln oder auch paarweise tanzen. Es ist moderne, westliche Musik und es zuckt sofort in meinen Beinen. Ich beobachte die Tanzenden ein wenig und kann den Schritten folgen, die sich in gewissen Abständen wiederholen. Mit Schirm stelle ich mich dazu und tanze einfach mit.

Die Einheimischen nicken wohlwollend. Ein Stückchen weiter, auf der anderen Seite, strecken und dehnen sich Menschen nach Anleitung eines alten Mannes im Tai chi. Eine weitere Gruppe besteht nur aus Frauen und wiegt sich nach Klängen von Bollywood.

Yu Yang hatte uns schon in Shanghai erzählt, dass es eine beliebte Freizeitbeschäftigung der Chinesen ist, sich öffentlich in zwanglosen Gruppen auf Plätzen oder vor Cafés zu den

Klängen eines Kofferradios zu bewegen oder selbst zu musizieren. Im Vorbeifahren haben wir aus dem Bus so eine Gruppe sogar schon mal auf einer kleinen Fläche hinter einer belebten Kreuzung gesehen. Nun machen wir also mit.

Vor der wieder aufwärts zum Museum führenden Treppe haben sich einige Obsthändler eingefunden, die ihre Ware zu günstigen Preisen anbieten. Yu Yang kauft für uns alle Früchte, die so groß und gelb wie Zitronen sind. Es sind Mispeln. Sie zeigt uns, wie man die dünne, weiche Schale entfernt und hält auch schon eine Tüte dafür bereit, denn wir wollen die Abfälle doch nicht auf den Boden fallen lassen. Die Mispeln sind süß und saftig und schmecken ähnlich wie Aprikosen. Schade, dass sie bei uns zu Hause nicht wachsen.

Nach dreißig Minuten stehen alle pünktlich vor dem Eingang des Drei-Schluchten-Museums. Wer nicht da ist, ist Yu Yang.

„Mein Mann fehlt auch noch", informiert uns Siglinde, „er verhandelt noch mit dem Obsthändler. Er will unbedingt so eine Tragestange mit nach Hause nehmen. 50 Euro hat er ihm schon geboten."

Das dürfte für den Händler ein richtiges Schnäppchen sein, es sei denn, es wäre sein einziges Gerät, mit dem er seine Ware transportiert.

Da kommt Hermann auch schon freude-strahlend mit der Stange, begleitet von Yu Yang, die Treppe herauf. Nun müssen wir uns natürlich diesen Neuerwerb erst mal in Ruhe betrachten. Die Stange ist nichts weiter als ein halbiertes dickes Bambusrohr, das an den Kanten und Enden abgeschliffen wurde. Da, wo die Stange auf dem Nacken ruht, ist das Rohr stärker abgeschliffen und an den beiden Enden sind Kerben für die einzuhängenden Lasten zu sehen.

Ein einfaches Gerät, aber sehr nützlich. Es hat viel Ähnlichkeit mit einem Holzjoch, das die Bauern früher bei uns verwendeten, um die schweren Milchkannen zu transportieren.

Der Rundgang durch das Staudamm-Museum veranschaulicht noch einmal, welche gewaltige Leistung hinter diesem Bauwerk steckt. Schon allein die Logistik, Menschen und Material zur rechten Zeit an die richtige Stelle zu beordern, ringt uns Bewunderung ab. Aber auch das riesige Terrain, das in den Fluten des Yangtze verschwunden ist, wird in seiner Ursprünglichkeit dargestellt. Verteilt auf vier Etagen findet man Fotodokumentationen über die einzelnen Etappen des Baues, aber auch zahlreiche Exponate aus den überfluteten Siedlungen und antike Kunstwerke versunkener Pagoden und Tempel. Auch die Treidler sehen wir wieder, hier in Form eines Bronzereliefs.

Was erwartet uns als nächstes?

Der Bus steht schon bereit zur Fahrt in den „Eling-Park". Das ist ein großer Freizeitpark, aber Kinderbelustigung und Fahrgeschäfte, wie wir das von zu Hause kennen, gibt es hier nicht. Es ist ein wirklicher Park mit einem schönen, alten Baumbestand. Weit ausladende Platanen, meterhohe Gingko-Bäume, Zedern und andere Nadelgewächse, Azaleen, aber auch Bambus und Fächerpalmen bestimmen das Bild. Hinter einem malerischen Teich, in dem gut genährte Kois in allen Farbschattierungen schwimmen, treffen wir auf ein Rentnerfreizeitvergnügen. Alte Herren sitzen an kleinen Tischen mitten im Grünen und spielen irgendein Legespiel, das so ähnlich wie Domino aussieht. Sie spielen es mit großer Ernsthaftigkeit und nehmen von uns keine Notiz. Vielleicht sind sie es auch gewöhnt, dass neugierige Touristen ihnen über die Schulter schauen.

An einem anderen Tisch sieht man ältere Damen beim beliebten Mahgong.

Uns bleibt keine Zeit, ihnen beim Spiel zuzusehen. Wir sind zu einer **Teezeremonie** angemeldet. Wenige verschlungene Wege weiter leuchtet schon das rote Eingangsportal des Teehäuschens durch das Geäst. Es ist im antiken Stil erbaut, entstand aber erst vor ein paar Jahren, erfahren wir von Yu Yang.

Wir werden von zwei freundlichen Chinesinnen begrüßt, die uns in einen kleinen Ausstellungsraum führen. An der einen Seite befinden sich niedrige Sitzgelegenheiten aus Bambusrohr, in der Mitte ein langer Tisch. Auf ihm sind schon die Gerätschaften für die Teezeremonie aufgebaut. Große, verschlossene Gläser mit verschiedenen Teesorten, kleine Kännchen aus gebranntem Ton, mehrere Stapel Schälchen aus hauchdünnem Porzellan und die dazugehörigen Deckel und schließlich eine Heizplatte, auf der das Wasser gekocht und warm gehalten werden kann. Hinter dem Tisch, an der gegenüberliegenden Seite stehen Regale mit den verschiedensten Teesorten, kleine Teeservices, einzelne Schälchen und Kännchen aus gebranntem Ton und Porzellan.

Nachdem alle einen Blick auf die Vitrinen und das Interieur auf dem Tisch geworfen haben, bittet uns Yu Yang, doch erst einmal Platz zu nehmen.

„Ich möchte Ihnen Lu Wang Chang

vorstellen", sagt sie, „sie ist die Leiterin dieser Teestube und kann Ihnen viel über die Wirkung der verschiedenen Teesorten, ihre Gewinnung und ihre Verwendung erzählen. Sie hat verschiedene Sprachkurse besucht und spricht auch Ihre Sprache. So kann ich jetzt Pause machen."

Lu beginnt ihren Vortrag mit der Erklärung, wie man einen Tee überhaupt trinken sollte:

„Der Tee wird bei uns grundsätzlich aus Schalen getrunken. Man nimmt sie mit beiden Händen zwischen Daumen und Zeigefinger und hält sie zunächst in Armlänge vor der Brust. Danach bewegt man das Schälchen vorsichtig zu sich heran und beschreibt dann einen vertikalen Kreis bis an den Ausgangs- punkt zurück. Das macht man drei Mal. An- schließend wird die Teeschale langsam an die Nase herangeführt und man genießt den Duft der Teeblüte von rechts nach links und wieder zurück. Erst danach trinkt man den Tee in kleinen Schlucken."

Sie macht uns vor, was sie eben erläutert hat und fährt dann in ihrer Erklärung fort.

„Die verschiedenen Teesorten haben unterschiedliche Wirkungen auf das Wohlbefinden und die Gesundheit. Sie werden auch verschieden zubereitet. Manche Sorten werden mit sprudelnd heißem Wasser aufgebrüht, bei anderen Tees darf die Temperatur nicht höher sein als 70° C.

Die frisch geernteten und fachmännisch getrockneten Teeblätter können teilweise bis zu achtmal aufgebrüht werden, ohne dass sie ihre wohltuende Wirkung einbüßen."

Jetzt verstehe ich auch, warum ich auf dem Schiff dreimal „Nachschlag" bekam, als ich mir einen Jasmintee leistete. Ich hätte wohl noch mehr Tee zu trinken bekommen, wenn ich nicht dankend abgewehrt hätte.

Während Lus Assistentin schon die Verkostung vorbereitet, zeigt uns Lu, was sich in den Gläsern auf dem Tisch befindet. In einem Glas sind lauter kleine graugrüne Röllchen zu sehen.

„Das ist Ginsengtee. Die Blätter werden frisch geerntet und einzeln von Hand zu kleinen Kugeln gerollt. Mit kochendem Wasser aufgebrüht, entfalten sich die Blätter wieder und geben ihre Heilkraft in den Tee. Drei bis vier Kügelchen reichen für eine Kanne mittlerer Größe. Die Blätter können bis zu acht mal aufgegossen werden. Der Ginsengtee ist vor allem gesund für Magen und Herz."

Damit ist mein Mann schon mal sehr interessiert.

„Wenn der Tee auch noch schmeckt, nehmen wir ein Päckchen mit", entscheidet er.

Ich bin mehr für Jasmintee. Hier werden die zarten Blüten mit heißem Wasser übergossen und auch sie entfalten sich wieder und geben ihr Aroma in das Wasser. Klar, dass man für diese Tees keinen Zucker braucht. Das macht sie doppelt bekömmlich.

Die Entscheidung fällt uns nicht schwer, nachdem wir die verschiedenen Teesorten probiert haben. Der Tee ist nicht ganz billig, aber er ist absolut frisch und, wie wir jetzt wissen, auch ergiebig. Ich möchte aber unbedingt auch noch so eine Teeschale kaufen. Mein Mann ist einverstanden und wir sehen uns nach einer passenden um. Da entdecke ich ein ganzes Set winzig kleiner Teeschälchen in Kobaltblau mit einem goldenen Drachen.

„Meinst Du, dass Du das heil nach Hause kriegst?", fragt mein Mann in der Hoffnung, dass ich es mir doch noch überlege. Aber mein Entschluss ist gefasst. Ich habe schon ganz andere Sachen bei unseren zahlreichen Umzügen gut verpacken müssen.

Um einige Euro erleichtert, aber frohgelaunt, verlassen wir das Teehaus.

Auf unserem weiteren Rundgang durch den Park treffen wir auf einen Künstler, der ihm vorgegebene Namen in frischen Farben mit Buchstaben in Form von chinesischen

Fabelwesen auf ein Spruchband malt. Er wird sofort von allen Teilnehmern unserer Reisegruppe umringt. Mit zielsicherer Hand gestaltet der Künstler in Windeseile die Fabelwesen aus lateinischen Buchstaben. Das ist etwas ganz Besonderes. Da die fertigen, kleinen Kunstwerke auch gleich laminiert und die Farben damit haltbar gemacht werden, ist das ein wunderbares Mitbringsel.

Sofort bildet sich aus unserer Reisegruppe eine kleine Schlange, die die Namen ihrer Lieben auf diese Weise verewigt sehen möchte. Ich bin auch am Überlegen, ob ich mich in die Wartenden einreihen soll. Aber wo sollen meine Enkel das bunte Namensschild hinhängen? Und wem würde das überhaupt gefallen? Bis auf Mausi sind alle schon erwachsen. Und für Mausi?

Gerade als ich mich entschieden habe,

wenigstens für die Jüngste ein solches Namensschild anfertigen zu lassen, drängt Yu Yang zum Weitermarsch. Der Bus darf nicht lange an dem vereinbarten Ort stehen.

Als nächstes steht ein Bummel durch das Chongqinger Stadtzentrum auf dem Programm. Dazu müssen wir den Jialingjiang überqueren.

„Die Brücke ist gerade fertig geworden", informiert uns Yu Yang, „sie ist eine von acht Brücken, die erst nach der Anstauung des Yangtze entstanden sind. Zwei weitere sollen noch folgen. Bis dahin konnte man nur mit Fähren den Fluss überqueren."

Das Stadtzentrum von Chongqing gleicht in vielem anderen Großstädten in der westlichen Welt. Moderne Einkaufszentren, Glasfassaden an den Hochhäusern, dazwischen grüne Boulevards und Verweilzonen mit Sitzbänken.

Alle namhaften Modefirmen sind hier vertreten – Lafayette, Gucchi, Cartier, Betty Barcley, Rolex und, und, und. Sie werben mit farbenfrohen Leuchtreklamen oder Videoclips auf Bildschirmen im XXL-Format. Leider können wir die einheimischen Modehäuser keiner bestimmten Branche zuordnen, denn die Schriftzeichen verraten uns nichts.

Treffpunkt ist ein sechseckiger Turm mit einer Uhr und einem interessanten Windspiel auf dem Kuppeldach. Er wird von einer Blumenrabatte sowie einer hölzernen Einfassung umringt. Es scheint ein beliebter Treffpunkt zu sein, denn es sitzen hier schon zahlreiche Leute und starren auf ihre Handys oder Smartphones.

„Sie können sich in der Stadt nicht verlaufen. Alle Straßen sind quadratisch zueinander angeordnet. Die Hauptstraßen führen von hier in gerader Linie von Ost nach West bzw. von Nord nach Süd. Sie müssen sich nur merken, wie viele Kreuzungen sie überquert haben. Außerdem ist der Turm aus allen Richtungen gut zu sehen."

Mit dieser Information verabschiedet sich unsere Reiseleiterin für eine Stunde.

Ich glaube, sie braucht auch mal eine kleine Ruhepause. Mein Mann und ich bummeln den Boulevard entlang und beobachten die Passanten. Es kommen uns viele junge Leute entgegen, modisch gekleidet, fröhlich schwatzend oder mit ihrer modernen Telekommunikation beschäftigt. Väter tragen ihre Jüngsten, Mütter große Einkaufstüten. Auch ein Paketbote mit der bekannten Tragestange, an der drei große Pakete hängen, ist dabei.

„DPD auf chinesisch", sagt mein Mann.

„Da sieh, mal", rufe ich. Ein kleiner, weißer

Chihuahua trippelt an der Leine einer extravagant gekleideten jungen Dame mit Superhighheels an uns vorbei. Er hat eine rote Blüte am rechten Ohr und einen grell orange gefärbten Schwanz.

„Das habe ich so noch nirgendwo gesehen. Wie findest Du das?"

„Affig", sagt mein Mann und da stimme ich ihm zu.

Das Leben in einer modernen Großstadt treibt eben selbst in Fernost seltene Blüten. Nachdem wir den breiten Boulevard in alle Richtungen ein Stück erkundet haben, setzen wir uns auf eine Bank und lassen das Großstadtflair auf uns wirken.

„Ist Dir schon mal aufgefallen, dass es auf den Straßen hier sehr gesittet und ruhig zugeht?", frage ich meinen Mann.

„Ja, ich habe noch keinen johlenden Halb-

starkentrupp gesehen oder Betrunkene",
antwortet er.

„Und ich habe auch noch keinen einzigen
Bettler gesehen, obwohl die Leute hier doch
wahrlich nicht viel verdienen."

„Und die kleinen Kinder sind absolut ruhig.
Sie werden auf dem Arm getragen oder
trippeln an der Hand von Vater oder Mutter.
Sie schreien nicht, sie zerren nicht, sie werfen
sich nicht auf die Straße."

„Wir müssen Yu Yang mal nach den
Erziehungsmethoden in China fragen."

Aber dazu kommen wir vorerst nicht, denn die
Zeit ist um und wir eilen den Boulevard
entlang in Richtung Bus. Wir fliegen heute
noch nach **Xi An**. Unser Flug ist für 16.35 Uhr
gebucht. Als wir am Flugplatz ankommen,
sind unsere Koffer schon abgefertigt. Wir
checken ein und laufen dann beinahe einen

Kilometer weit, bis wir unser Terminal erreicht haben. Chongqing ist eben eine Großstadt und dazu gehört natürlich auch ein Großflughafen. Der ist ebenfalls erst in den letzten zehn Jahren entstanden. Vielleicht sollten die Berliner mal Herrn Mehdorn oder wer auch immer für den BER verantwortlich ist, zum Erfahrungsaustausch nach Chongqing schicken.

Um 16.15 Uhr werde ich unruhig. Eigentlich müssten wir jetzt schon im Flieger sitzen, aber der Abfertigungscounter zum Gate ist immer noch unbesetzt. An der Anzeigetafel steht etwas von „delated".

„Der Flieger hat Verspätung. In Xi An gab es ein heftiges Unwetter. Er konnte noch nicht starten."

Yu Yang bringt uns auf den neuesten Stand. Da kann man nichts machen. Nun heißt es warten.

„Eigentlich könnte die Reise hier schon zu

Ende sein", sagt mein Mann, „eine Woche ist vorüber und wir haben schon so viel gesehen."

„Du hast Recht. Mir geht es genauso. Aber für eine weitere Reise nach China ist die Anreise einfach zu lang und teuer noch dazu. Außerdem gibt es noch so viele Sehenswürdigkeiten, die wir im Original an Ort und Stelle sehen wollen."

„Ja, es war auch nicht meine Absicht, die Reise jetzt abzubrechen. Ich meine nur, dass dieses Land doch ganz schön groß ist und viel Zeit mit Fahrerei vergeht."

„Aus dem heutigen Maultaschenbankett in Xi An wird wohl nichts mehr werden. Aber das holen wir morgen Abend nach. Ich habe schon mit dem Restaurant telefoniert", wendet sich Yu Yang an alle, die sich für diese Zusatzleistung entschieden haben. Wir gehören auch dazu.

Nach 2 ½ Stunden ist der Flieger endlich eingetroffen und dann geht alles ganz schnell. Alte Koffer raus, neue rein, einmal betanken, einmal die Bezüge in der Kabine richten und schon geht das Einsteigen los. Umfangreicher Service ist auf der kurzen Strecke nicht zu erwarten. Wir fliegen nur eine knappe Stunde. Eine Flasche Mineralwasser und eine Tüte Reiskekse genügen. Leider ist das aber auch schon unser ganzes Abendmenü, denn das Hotelrestaurant hat bereits geschlossen, als wir nach einer weiteren Stunde Fahrt vom Flughafen im Hotel mit dem Namen „Gentleman International" ankommen.

Da fällt mir ein, dass ich noch ein Paket Zwieback aus Shanghai habe und Tee gibt es mit Sicherheit im Zimmer. Wir gehen also nicht hungrig zu Bett.

KOTAU
vor der TERRAKOTTAARMEE

Der Blick aus dem Hotelfenster in der 10. Etage des „Gentleman International" geht auf graue Dächer und Betonwände. Drei Etagen unter uns endet ein schmuckloser Wohnblock. Dass er schon bewohnt ist, ersehen wir nur daran, dass unter einigen Fenstern die landesüblichen Klimakästen hängen.

„Ich bin immer noch sprachlos, wenn ich sehe, wie diese Klimaanlagen hierzulande angebracht werden", wundert sich mein Mann. „Sieh Dir das doch mal an!"

Die rechteckigen Kästen mit den Ventilatoren hängen zwischen zwei Fenstern an der Außenwand des Wohnblocks. Für jede

Wohnung einer. Von ihnen geht ein dickes Kabel durch ein einfaches Loch in der Wand direkt in das Zimmer. Etwa in Deckenhöhe dieses Zimmers erscheint außen in der Wand eine runde Öffnung für die Abluft. Das ist alles.

„Ich kann gar nicht fassen, dass man in diesem Land, das supermoderne Hochhäuser, Straßen und Brücken baut, solche vorsintflutliche Anbringung bei den Wohnungsbauten zulässt", sage ich, „aber, erinnere Dich, Yu Yang erklärte uns schon, dass für die Innenausstattung jeder selbst verantwortlich ist und die Wohnungskäufer nur eine leere Hülle für ihr vieles Geld bekommen. Da ist es wohl die einfachste und zugleich billigste Variante, sich klimatisch anzupassen. Innen sieht es ja keiner und wenn der Staat das duldet, gibt es sicher auch keine Kläger, denen das missfällt."

Wir können nicht lange darüber nachdenken. Die Fahrt zur "**Großen Wildgans Pagode**" steht auf dem Plan.

Schon von weitem sind die sich nach oben verjüngenden Stufen der Pagode zu sehen. Sie sieht enttäuschend einfach aus. Graugelbes Gemäuer mit jeweils nur einem Fenster in der Mitte jeder Stufe und jeder Seite. Keine geschwungenen Dachelemente zwischen den einzelnen Etagen, keine Verzierungen, gleich welcher Art. Ein einfaches, schlichtes Gemäuer.

Was hat das mit einer Wildgans zu tun?

In Xi An begleitet uns wieder ein einheimischer Reiseführer, Cheng Xi Ping. Er erklärt uns, dass die Pagode keine religiöse Bedeutung hat und kein Tempel ist. Sie ist vielmehr so etwas wie ein Antiquariat.

„Im Jahr 25 etwa kam mit den ersten

Kaufleuten über die Seidenstraße auch der Buddhismus in die östlichen Landesteile. Aber es waren immer nur Bruchteile, die bekannt wurden. Da entschloss sich im Jahre 629 ein Mönch namens Xuan Zang , den weiten Weg nach Indien anzutreten, um den Buddhismus in seiner Gesamtheit zu studieren. Er brauchte dazu 17 Jahre. Er studierte gründlich und machte unendlich viele Aufzeichnungen. Als er im Jahre 645 nach China zurückkehrte, wurde er der erste Abt im „ Tempel der Gnade und Barmherzigkeit", der auf dem Gelände hier erbaut wurde. Um seine Schriften aufzubewahren und auch anderen Mönchen zugängig zu machen, ließ er eine Pagode errichten. Es ist die „Große Wildgans Pagode", die Sie jetzt hier sehen. Sie ist also nichts weiter als eine große Bibliothek."

„Warum heißt sie nun aber „Wildgans Pagode", wollen wir wissen.

„Genau weiß man es nicht, aber es ist sehr wahrscheinlich, dass an dieser Stelle vor Baubeginn eine große Wildgans saß, weshalb man die Pagode so nach ihr benannte:"

Eine graue Gans also, na gut, dann kann das Gemäuer auch grau sein. Außerdem ist es ja auch schon beinahe 1500 Jahre alt und kein Tempel. Sie steht nur in einer Tempelanlage.

Sie nennt sich „Tempel der Gnade und

Barmherzigkeit" und ist großzügig über eine schöne Parkanlage verteilt. Entlang einer Balustrade stehen mehrere Pavillons, in denen kostbare Wandbilder aus verschiedensten Materialien, Darstellungen aus der Flora und Fauna und dem Buddhismus zu bewundern sind.

Ein Tempel ist nur Buddha geweiht. Hier dürfen wir nicht fotografieren. Da es anderen Ortes erlaubt war, Buddhastatuen zu fotografieren und wir nicht wussten, dass es gerade hier nicht erlaubt ist, können wir gerade noch drei Fotos machen, bevor wir des Hauses verwiesen werden.

Dessen ungeachtet, sind wir in den Besitz einer Glückskarte gekommen.

Mit ihr hat es folgende Bewandtnis: In der Tang-Dynastie wurde es Sitte, dem Buddha Räucherstäbchen zu opfern, bevor ein Beamter seine Prüfung für die Beamtenlaufbahn ablegte. Nach erfolgreicher Aufnahme in den Beamtenstand, wurde sein Name in die Mauer der Pagode eingraviert. Das versprach Wohlstand, Glück und Segen.

Diese Sitte verbreitete sich und hielt an. So kann man auch heute mittels einer mit Siegel und dem eigenen Tierkreiszeichen versehenen Glückskarte vom „Tempel der Gnade und Barmherzigkeit" zu diesen Verheißungen kommen. Die Mönche werden für uns beten.

Die Mönche sind auch an anderer Stelle präsent. Gleich am Eingang begegnet uns ein Wandermönch mit langem, buntem Patchworkmantel, Wanderstab und Hut aus Reisstroh - wie aus dem Bilderbuch. Der moderne Wanderrucksack auf seinem Rücken passt allerdings nicht so ganz zu diesem Outfit. In der Nähe eines Weihrauchgefäßes sitzt ein anderer Mönch an einem Tisch und schreibt mit antikem Schreibgerät und schwarzer Tusche gute Wünsche auf rotes Papier. Natürlich mit chinesischen Schriftzeichen.

Sein Nachbar bietet hauchdünne, rote Weihrauchkerzen an, die, angezündet in einen Metallständer gesteckt, als Opfergabe an den Buddha die Glücksbringer von heute sind.

Die Wildgans Pagode gerät bei all dem in den Hintergrund. Nur Binjo, der Mann aus Bulgarien, kauft ein Ticket für die Besichtigung der Pagode und geht hinein. Er ist Geschichtsprofessor gewesen und hat sich schon zu Hause auf diesen Besuch vorbereitet. Seine Begeisterung ist jedoch verhalten, als er wieder zu uns stößt. Die Schriften lagen ordentlich gebündelt und gestapelt, aber es war natürlich nichts lesbar und wenn, hätte er es ohnehin nicht entziffern können.

Der Vormittag ist schnell vergangen.

„Wir werden jetzt in das Stadtzentrum fahren und uns eine Marktstraße ansehen, bevor wir zum Mittagessen in ein Theater fahren", informiert uns Yu Yang, als alle wieder im Bus sitzen.

„Aber bitte, kaufen Sie nichts an den Ständen. Wir wissen nicht, ob die Zutaten für die Gerichte frisch sind. Außerdem essen die Chinesen in der Regel sehr scharf. Das ist für Europäer nicht so bekömmlich. Im Theater ist heute Nudeltag. Da gibt es frische, selbst gemachte Nudeln mit Beilagen, die man sich aussuchen kann."

Die Marktstraße ist eine Fußgängerzone und sieht aus wie die Rostocker Kröpi zum Weihnachtsmarkt, nur dass hier beidseitig herrliche Akazien den Weg säumen. Eine Garküche wechselt mit der anderen ab. Auf

Öfen, die an Futterkessel erinnern, stehen riesige Schüsseln, in denen Fleischgerichte vor sich hin köcheln. Gegenüber wird am offenen Feuer eine Pfanne mit Gemüse geschwenkt. Daneben zieht gerade ein Nudelmacher den Teig in die Länge. Mit gewaltigen Holzhämmern wird auf einer Bütt auf einen flachen Teig eingedroschen bis er steinhart ist und dann mit einem Beil in kleine Stücke zerschlagen wird. So werden hier die beliebten Bonbons gemacht, die man in der Türkei Halwa nennt.

Uns interessiert ein Stand, an dem etwas Gelbes am Stiel verkauft wird, das wie Ananas aussieht. Einmal probieren wird uns schon nicht gleich umwerfen. Es ist ja weder Fleisch noch Fisch, der verdorben sein könnte. Wir nehmen erst mal nur ein Stäbchen zur Probe. Schon das ist zu viel, denn das saftig aussehende Gebilde erweist sich als eingefärbter, klebriger Reispamps, viel zu süß und nichts für uns.

Da waren unsere Reisegefährten erfolgreicher. Sie haben verschiedene Sorten getrockneter und eingelegter Früchte gekauft, die sie auch uns zum Kosten anbieten. Sie schmecken ganz vorzüglich, aber nun sind wir schon wieder am Ende der Marktstraße angekommen und die Zeit ist um.

Das Theater ist tatsächlich ein Theater, in dem am Abend Veranstaltungen stattfinden. Jetzt, in der Mittagszeit, stehen im Parkett und auf den breiten Rängen lange Tische und Stühle. An jeder Seite ist ein Buffet aufgebaut und an der Treppe zum Einlass oder Ausgang, ganz wie man es nimmt, stehen die Nudelmacher mit ihren frischen Nudeln. Lange Schlangen hungriger Touristen mit Näpfen in den Händen warten geduldig, bis sie an der Reihe sind. Auch hier sind die meisten Touristen Chinesen. Nur wenige Tische werden von Ausländern belegt. Das erkennt man nicht nur an den schwarzen Haarschöpfen, sondern vor allem auch an dem Lärm, dem an- und abschwellenden Hickhack, der für meine Ohren immer noch gewöhnungsbedürftig ist. Nach dem wohlschmeckenden Mittagsmahl finden wir uns wieder im Bus ein.

„Da Sie jetzt bestimmt ein kleines Nickerchen machen möchten, werde ich mich mit Informationen kurz fassen. Wir besuchen als nächstes eine **Jadeschleiferei** und fahren dann zum Hotel. Hier haben Sie aber nur eine halbe Stunde Zeit, um sich ein bisschen frisch zu machen, denn heute Nachmittag steht noch die Besichtigung der **Terrakottaarmee** im Programm. Da sind Sie sicher schon alle gespannt. Die Besichtigungshallen liegen außerhalb der Stadt. Wir fahren etwa 90 Minuten. Da habe ich genügend Zeit, Ihnen etwas über diese einmalige Entdeckung zu erzählen."

Die Fahrt zur Jadeschleiferei ist zu kurz, als dass man sie für ein Mittagsschläfchen nutzen könnte. Da sehen wir lieber aus dem Bus und beobachten das pulsierende Leben auf den Straßen Xi Ans.

Es hat mich schon in Shanghai und Chongqing fasziniert, wie hier der Verkehr, beinahe ohne ersichtliche Regelung, einwandfrei funktioniert. Große Limousinen, Taxis, Elektroroller mit Gepäck oder Frau und Kleinkind auf dem Rücksitz, motorisierte Dreiradkarren, Fahrräder, Busse – alles fährt nur nach der goldenen Regel „Vorsicht und gegenseitige Rücksichtnahme". Sie kommen von allen

Seiten auf eine Kreuzung zu, manche sogar gegen die Fahrtrichtung. Sie fädeln sich in den laufenden Verkehr ein, ohne groß zu bremsen. Motorroller schieben sich zwischen zwei Busse. Plötzlich müssen alle bremsen, weil ein Auto aus der Parklücke rückwärts auf die Fahrbahn fährt. Es passiert nichts. Keiner schimpft, keiner gestikuliert oder droht. Sie halten kurz an, lassen den „Parker" sich einreihen und fahren ruhig weiter. Wir haben auf unserer Reise nicht einen Auffahrunfall oder überhaupt einen Verkehrsunfall gesehen. Polizei auch nicht. Yu Yang erklärt uns, dass alle Fahrzeugführer sehr darauf bedacht sind, ihr Auto unbeschadet durch den Verkehr zu bringen.

„Reparaturen sind sehr teuer. Sie kosten oft genau so viel wie ein Neuwagen. Und der ist auch nicht billig. Noch teurer aber ist die

Zulassung für ein Auto. Auf das Nummernschild muss man mindestens drei Tage, manchmal bis zu einer Woche warten. Es wird extra angefertigt."

Es wundert uns, dass wir überwiegend große Limousinen und Jeeps auf den Straßen sehen, wo doch die Chinesen eher von kleiner Statur sind. Aber das Auto ist auch in diesem Land ein Statussymbol und kleine Leute haben nun mal eine Vorliebe für große Autos.

Vor der Jadeschleiferei steht eine mannsgroße Terrakottafigur aus dunkelgrünem Jade.

Diesen Krieger haben sie so bestimmt nicht in den Gräbern gefunden. Er sieht edel aus und blickt stolz auf uns herab.

In der Jadeschleiferei erfahren wir, dass hierzulande mit dem Begriff „Jade" nicht nur der grüne Edelstein gemeint wird. Bei unserem Rundgang durch die Ausstellungs- und

Verkaufsabteilungen sehen wir wahre Kunstwerke in braun, creme, elfenbein, orange und gelb und natürlich in allen Grüntönen, die aus dem von außen unscheinbar aussehenden Gestein geschnitzt wurden. Es ist alles aus Jade. Solche Kostbarkeiten sind keine Gebrauchsgegenstände. Sie gehören in eine Vitrine oder auf den Kamin. Aber es gibt natürlich auch Schmuck in allen Varianten.

„Möchtest Du vielleicht noch einen Ring oder ein Paar Ohrringe zu Deinem Anhänger, den wir in Hongkong gekauft haben?"

Mein Mann hat wohl die Spendierhosen an. Aber - „Danke, nein, ich habe schon in der Seidenmanufaktur zugeschlagen und das reicht."

Wir machen noch ein paar Fotos, weil man diese mannigfaltigen Kunstwerke mit Worten kaum beschreiben kann.

Nach einer kurzen Verschnaufpause im Hotel steht uns der Höhepunkt des heutigen Tages und des Aufenthaltes in Xi An bevor: die Besichtigung der beinahe zweieinhalbtausendjährigen Terrakottaarmee.

Die über den Tod hinausgehende Furcht vor allen seinen Rivalen, die er zu Lebzeiten im Kampf besiegt hatte, veranlasste den ersten Kaiser Chinas, Qin Shi Huangdi, seine Grabanlage als ein von Selbstschußanlagen gesichertes Abbild der Welt zu gestalten. Mehr als 700 000 Zwangsverpflichtete sollen 30 Jahre lang daran gearbeitet haben. Der Kaiser starb 210 v.u.Z. Zum Schutz der Grabkammer hatte er eine ganze Armee zur Bewachung seiner letzten Ruhestätte aus Ton anfertigen lassen. Sie verhinderte jedoch nicht, dass die eigentliche Grabkammer schon kurze Zeit nach dem Tode des Kaisers von Aufständischen geplündert wurde. Ja, man wusste bis zum Jahre 1974 nicht einmal, dass es diese Armee gibt. Durch Zufall stießen Bauern beim Bohren eines Brunnens auf die Streitmacht. Sie waren jedoch nicht die ersten, die diese Entdeckung machten. Schon 350 Jahre vor ihnen hatten Bauern beim Ackern einen Teil der Armee gefunden. Sie „entmachteten" die tönernen Krieger umgehend, indem sie ihnen die Hände und auch teilweise die Köpfe abschlugen und sich ihrer Waffen bemächtigten. Letztere fanden Einsatz bei mehreren Bauernaufständen. Nach ihrer Zerschlagung gerieten die Tonkrieger wieder in Vergessenheit. Nun aber schlug die Stunde der Archäologen. Vergeblich versuchte man anfangs, die Entdeckung geheim zu halten, aber als immer mehr tönerne Kämpfer samt

Pferden und Wagen zum Vorschein kamen, begann 1975 die systematische Erschließung des 56 km² großen Areals der Grabanlage, die bereits ein „Zeitzeuge" in seinen Schriften beschrieben hatte. Bis heute hat man etwa 8000 lebensgroße Soldaten, Krieger, Reiter, Pferde und Kamele gefunden, teils im Ganzen gut erhalten, teils in mehr oder weniger großen Bruchstücken.

Das alles kann man nachlesen, aber was es

bedeutet, versteht man erst, wenn man in einer der riesigen Hallen den Tonkriegern gegenüber steht.

Etwa 2000 von ihnen, die bisher restauriert wurden, stehen originalgetreu in den gefundenen Grabreihen in Reih und Glied. Immer vier tönerne Männer nebeneinander in einer 100 m langen Reihe. Wir zählen acht solcher Reihen. Dazwischen sind Erdwälle, die ursprünglich die Holzbalken trugen, mit denen die Armee abgedeckt war. Darüber war eine weitere Erdschicht aufgeschüttet.

„Nun sieh Dir das mal an! Jeder Krieger hat ein anderes Gesicht. Normalerweise sehen Chinesen für uns Europäer alle gleich aus, doch, wenn man sie näher betrachtet, sind die Gesichter genau so einzigartig wie unsere. Aber dass man bei Tonfiguren, die im Boden vergraben werden, solchen Aufwand betrieben hat, ist unvorstellbar." Mein Mann ist beeindruckt.

„Wie haben die Menschen das damals gemacht? Haben die Originale Modell gesessen? Oder hat man von ihren Gesichtern einen Abdruck genommen? Oder haben die Künstler ihrer Fantasie freien Lauf gelassen? Wie viele Künstler müssen das gewesen sein!" Langsam bewegen wir uns an den stummen Beschützern eines überängstlichen Herrschers vorbei.

„Was machen denn die Leute in den blauen Overalls?"

„Die puzzeln. Siehst Du die Bruchstücke, die in der großen blauen Kunststoffwanne liegen? Das sind wahrscheinlich Fundstücke aus Grabteilen, die durch Aufständische oder Erdbeben verwüstet wurden. Daraus wieder einen Tonkrieger entstehen zu lassen, stelle ich mir fast noch schwieriger vor, als eine Figur neu zu schaffen."

„Diese Terrakottafiguren waren ursprünglich nicht so einfarbig grau, wie Sie sie jetzt sehen."

Unbemerkt war Yu Yang zu uns getreten. „Sie hatten farbige Uniformen an, blau und rot. Leider sind die Farben sofort zerfallen als sie mit der Luft in Berührung kamen. Bis jetzt hat man noch keine Methode gefunden, diese Farben zu erhalten, bzw. zu erneuern. Deshalb sind neuere Funde sofort wieder abgedeckt worden, um die Farben zu erhalten. Man schätzt, dass etwa nur ein Drittel der Terrakottaarmee überhaupt entdeckt wurde. Auch der Grabhügel ist noch nicht genau lokalisiert. In ihm sollen sagenhafte Schätze lagern."

Wir sind jetzt am Ende der ersten Halle angekommen und wenden uns der nächsten zu.

Hier finden wir eine Vielzahl geöffneter Grabreihen, die veranschaulichen, in welchem Zustand die Archäologen die Terrakottaarmee gefunden haben. Wir sehen mehrere Reihen von Pferden und Wagenlenkern. Die Wagen selbst sind nicht erhalten geblieben. Sie waren aus Holz und sind im Laufe der Zeit verrottet. Aus einem halb geöffneten Grab ragen nur die Hinterteile der Pferde hervor, an anderer Stelle sieht man kniende Bogenschützen. Der Bogen allerdings fehlt ebenfalls. Er fiel den Plünderern zum Opfer. Nur an der Haltung der Schützen kann man erahnen, dass sie gerade den Bogen spannen. Die meisten Tonkrieger waren innen hohl, wie man an den Fragmenten sehen kann. Nur die Beine sind ausgefüllt, sicher wegen der Standfestigkeit. Ich bin erneut überwältigt von dem Ausmaß dieser vergrabenen Armee und dem unglaublichen

Können der Restauratoren. In dem Scherbenhaufen, den wir hier vor uns sehen, könnte ich nicht einmal einen einzigen Krieger ausmachen.

In der Museumshalle nördlich der Grube I finden wir Ausstellungsstücke in Vitrinen und verschiedene Fotos von den Fundstücken.

Ein bronzener, überdachter Wagen mit vier Pferden ist begehrtes Fotoobjekt. Er ist so groß, dass wir bequem einsteigen könnten. Wie wir erfahren, handelt es sich um einen originalgetreuen Nachbau im Verhältnis 1:2, d.h., eigentlich ist er doppelt so groß gewesen. Da müssen sich die Insassen ja wie Liliputaner vorgekommen sein.

Auf den Fotos sind Porträts einzelner Tonkrieger zu erkennen und in einer anderen Vitrine kann man sich Fragmente in den Originalfarben ansehen, mit denen die ganze

Armee ursprünglich ausgestattet war.

„Hätten Sie sich jemals diese Größenordnung vorstellen können ?", fragt mich Simone.

„Nie im Leben", antworte ich, „wir waren auf Usedom mal zu einer Ausstellung von Repliken der Terrakottaarmee und das fand ich schon gewaltig, aber diese Größenordnung kann man einfach nicht erfassen, wenn man sie nicht gesehen hat. Und das ist noch nicht einmal alles. Wer weiß, was unsere Urenkel dereinst zu sehen bekommen."

Auch die anderen Mitglieder unserer Reisegruppe, die sich nach und nach am Springbrunnen mit den Tierkreiszeichen in der Nähe des Ausgangs einfinden, sind stark beeindruckt.

Auf der Rückfahrt zu unserem Hotel werden schon die ersten Fotos begutachtet und Verabredungen zu deren gegenseitigem

Austausch getroffen.

Wir haben auch fotografiert wie die Weltmeister, aber ich glaube, einige Bilder sind verwackelt. Wir waren schließlich nicht allein in den riesigen Hallen. Dutzende chinesischer Touristengruppen wollten sich ihr kulturelles Erbe ansehen und vor allem „Selfies" machen, um den Angehörigen zu zeigen, dass sie auch tatsächlich hier waren.

Der Geräuschpegel in den Hallen glich einem Aufenthalt inmitten eines Krähenschwarmes. Für mich ist Chinesisch eine „Hacksprache. Viele Sätze enden mit einem hart gesprochenen „a". Das hört sich beinahe nach einem Kommando oder einem Vorwurf an. Außerdem reden alle durcheinander, sodass immer nur die Endsilben im Ohr hängen bleiben. Auf die Dauer ist das anstrengend. Da ist es jetzt im Bus wohltuend leise. So leise, dass ich für ein Weilchen entschlummere und erstaunt bin, dass wir plötzlich vor der Hotellobby stehen.

„Wer für heute Abend das **Maultaschenbankett** gebucht hat, kommt bitte in 45 Minuten wieder zum Bus", bittet Yu Yang. Natürlich haben wir gebucht.

Die Bayern nicht.

"Maultaschen gibt`s bei uns daham. Wir gehen lieber noch mal im Stadtzentrum shoppen", haben sie gesagt und damit Yu Yang in Schwierigkeiten gebracht, denn der Bus kann nur eine Tour hin und zurück machen. Eine Gruppe muss mit dem öffentlichen Nahverkehr zurückfahren.

„Das macht uns nichts aus", sagt mein Mann und auch die anderen Teilnehmer am Bankett stimmen zu.

„Das kann sogar noch interessant werden."

Interessant ist aber erst mal das Maultaschenbankett.

„Es gibt achtzehn verschiedene Gänge", erklärt Yu Yang, die wir überredet haben, mit uns am Tisch Platz zu nehmen.

„Bei großen Familienfeiern, bei Hochzeiten und zum Frühlingsfest ist es bei uns Sitte, immer auch ein Maultaschenbankett zu geben. Die Hausfrau beginnt damit mindestens schon eine Woche vor dem Fest, um alles gut vorzubereiten. Jede Maultasche hat eine andere Form und eine andere Füllung und alles wird von Hand zubereitet."

Wir sitzen zu neunt in einem separaten Raum am runden Tisch mit der gläsernen, drehbaren Platte, auf der zunächst kleine Vorspeisen – Dim Sums - erscheinen. Teller mit eingelegten Gurkenscheiben, gedünstetes Gemüse, kleine Spieße mit paniertem Reis usw.

„Was sind das für weiße Ringe? Die sind aber lecker!", fragt Renate aus Hamburg. Eigenartigerweise haben sich hier alle „Nordländer" versammelt, wie wir gerade festgestellt haben.

„Das sind marinierte Ingwerscheiben."

Die muss ich auch probieren. In der Tat, sie schmecken vorzüglich, gar nicht so scharf, wie wir den Ingwer sonst kennen.

Wir langen schon kräftig zu als Chiang Lu, unsere Serviererin mit einem dampfenden Stapel flacher, runder Bambuskörbchen erscheint. Sie nimmt den Deckel von der oberen Schale und sofort erfüllt ein würziger Duft den Raum. Dann stellt sie die einzelnen Maultaschen der ersten Runde vor. Jede Maultasche hat eine andere Form. Eine Sorte ist oben zusammengedreht wie ein Beutelchen. Eine andere Sorte wie ein Entchen geformt.

Wieder andere sehen wie kleine Kugeln aus. Es kommen im Laufe des Abends noch Taschen mit Hahnenkamm, kleine Schwäne, Zipfelmützen, flache Taler und andere Formen, die mir inzwischen schon wieder entfallen sind. Jede dieser Maultaschen ist anders gefüllt. Hier reicht die Palette von verschiedenen Gemüsearten über Geflügel- und Schweinefleisch bis zu Nüssen und Obst. Dafür habe ich nur ein einziges Wort: „Köstlich!"

Natürlich werden die Maultaschen nicht pur gegessen. Dazu trinken wir den bekömmlichen grünen Tee oder auch Bier und als Clou den schon bekannten starken Kräuterschnaps, diesmal aus einer Terrakottakriegerflasche.

„Gambè", sagt Yu Yang, hebt den Porzellan- becher, der wie ein Eierbecher aussieht, und prostet uns zu.

„Gambè!", „Prost" auf Chinesisch, das können wir uns gut merken.

„Gambè, Gambè", bis die Flasche leer ist und wir alle achtzehn Maultaschen verkostet haben. Wir bedanken uns herzlich bei Chiang Lu und Yu Yang für dieses schöne Erlebnis. Satt und frohgelaunt steigen wir in den öffentlichen Abendbus. Er ist noch rappelvoll, aber ein junger Mann erhebt sich sofort von seinem Platz und bietet ihn mir an. Höflichkeit und Achtung vor dem Alter werden in China noch groß geschrieben. Kurz vor dem wunderbar illuminierten Stadttor steigen wir aus und gehen die restlichen fünfhundert Meter zu Fuß durch die laue Sommernacht. Jetzt ist auch die alte Stadtmauer gut zu erkennen. Tausend Lämpchen ziehen sich wie eine Perlenkette auf ihren Zinnen entlang.

Xi An – Wildganspagode, Terrakottaarmee und

Maultaschen – was für Erlebnisse!

PEKING
zu BESUCH in der HAUPTSTADT

Der Flug von Xi An nach Peking mit China
Air verläuft pünktlich und ohne Komplikationen. Während des 2-stündigen Fluges
wird Tee serviert und dazu so etwas wie
Hamburger, nur besser. Zur Mittagszeit landen
wir in Peking. Der Himmel ist heiter, die
Lufttemperatur beträgt 24°C. Anfang April
meldeten die Rundfunksender noch tagelang
Smog über Peking, aber heute ist die Luft nur
diesig.

Wir stehen in der Empfangshalle mit unseren
Koffern und warten auf Yu Yang.

„Das kann noch dauern", sagt Brigitte und

nimmt ihren Wanderrucksack von der Schulter.

„Das Bild, das Simone auf dem Schiff gekauft hat, ist beschädigt und ein Koffer von Erwin auch."

Das tut mir aufrichtig leid. Ich weiß zwar nicht, welche Seidenstickerei Simone gewählt hat, aber die Bilder waren alle überaus schön und wenn nun das Glas von ihrem Bild kaputt gegangen ist, könnte auch die Stickerei davon betroffen sein. Das wäre sehr schade und ärgerlich. Vielleicht hätte sie doch auf ihren Mann hören und die Seidenstickerei ohne Rahmen als Rolle mitnehmen sollen. Aber sie wollte ihm Arbeit ersparen und schleppte sich nun schon seit Chongqing mit dem schweren Paket ab. Nach mehr als einer halben Stunde erscheinen alle Betroffenen, Simone jetzt nun doch mit einer Rolle unter dem Arm. Über den Schaden will sie sich nicht äußern.

„Wir fahren jetzt gleich erst alle gemeinsam zum **„Kohlehügel"**. Von dort hat man einen schönen Blick auf die „Verbotene Stadt" und den Kaiserpalast", verkündet uns Yu Yang. Der Kohlehügel liegt am nördlichen Ende der „Verbotenen Stadt" inmitten des Jingshan Parks, der vor allem durch seine prächtig blühenden Pfingstrosenarten besticht. Er hat seinen Namen noch aus der Kaiserzeit, als die Kohlen für die Beheizung der weitläufigen Palastanlage tatsächlich hier gelagert wurden. Heute ist von Kohlen nichts mehr zu sehen, aber der Blick von seinem höchsten Punkt über das große Areal der Kaiserstadt bis zum Tiananmen–Platz und darüber hinaus ist wahrhaft sehenswert. Das lohnt den mühevollen Aufstieg über steile Treppen allemal. Schade nur, dass die Luft nicht ganz klar ist. Zum Fotografieren nicht ideal. „Immerhin kannst Du schon mal ermessen, was uns morgen bevorsteht, wenn wir die „Verbotene Stadt" besichtigen. Wenn das so warm ist wie heute, würde ich am liebsten kurze Hosen anziehen."

„Untersteh Dich", entgegne ich meinem Mann. „Du kannst doch nicht in kurzen Hosen vor den Kaiser treten!"

Der goldene Buddha in der kleinen Pagode auf dem Gipfel des „Kohlehügels" legt bedenklich die Zeigefinger aneinander, schaut aber sonst huldvoll auf uns herab.

Nachdem wir uns dankbar vor ihm verneigt haben, umrunden wir die Pagode und entdecken westlich von uns ein weißes, glockenförmiges Gebilde mit einer leucht-turmartigen Spitze.

„Was ist das denn für ein Bauwerk?", wollen wir wissen.

„Das ist die „Weiße Flaschenpagode". Sie
steht im Behai-Park, dem ehemaligen
Lustgarten des Kaisers, ein heute beliebtes
Ausflugsziel der Pekinger. Die Pagode wurde
1651 zu Ehren des Dalai Lama errichtet. Wir
werden sie aber nicht näher besichtigen."

Während uns Yu Yang noch darüber aufklärt,
dass Peking erst 1280 durch den Mon-
golenherrscher Kublai Khan von einer
Garnisonsstadt an der Nordgrenze Chinas zur
Hauptstadt aufstieg, steigen wir die Stufen
vom Kohlehügel wieder hinab in den
wunderschönen Park.

Wie immer verlässt sich Yu Yang nicht auf
unsere Behauptung, es seien alle wieder da.
Sie zählt ihre Schäfchen noch einmal durch. Es
fehlt tatsächlich jemand. Wer ist es ? Die Bul-
garen sind da. Die Nordländer auch. Da
melden sich die Bayern.

„Brigitte fehlt."

Richtig, sie wollte noch ein paar Fotos von den schönen Pfingstrosen machen und ist vor allen anderen wieder abgestiegen.

Aber wo ist sie nun? Den Treffpunkt am Gedenkstein neben der Treppe kann man eigentlich nicht verfehlen.

„Ich ruf sie an", meldet sich Erwin.

„Sie geht nicht ran."

„Vielleicht hat sie einen anderen Abgang genommen?", vermutet jemand.

Nun wird ein Suchtrupp nach links und einer nach rechts losgeschickt, während wir die Stellung halten.

„Na, hoffentlich müssen wir nicht nachher die Sucher suchen, so wie damals am Grand Canyon", raune ich meinem Mann zu.

Nach einer halben Stunde kommen die Bayern mit Brigitte im Schlepptau von links. Sie hat tatsächlich einen falschen Abstieg genommen und sich dann erst gar nicht zurechtgefunden. Da der Akku vom Handy leer war, konnte sie sich nicht mal melden. Ja, so ist das mit der Technik. Wenn man sie am meisten braucht, ist sie nicht einsatzbereit.

Die rechtsseitigen Sucher haben den Park im inneren Kreis einmal umrundet und sind inzwischen auch wieder eingetroffen. Nun steht also unserer Fahrt in die Innenstadt nichts mehr im Wege.

Es ist mittlerweile schon später Nachmittag. Der Magen knurrt, denn seit dem Burger im Flugzeug hat er nichts mehr gesehen. Wir sind Yu Yang dankbar, als sie mit uns zu einem Selbstbedienungs-Buffet in ein modernes Kaufhaus geht. Wir verstehen zwar nicht, was auf der Menütafel neben der Kasse geschrieben steht, aber mit Hilfe eines langen

Armes mit ausgestrecktem Zeigefinger gelingt es uns, einen Teller Nudeln zu ordern mit allerlei Gemüse. Nun folgt die Leistungsprüfung für europäische Touristen: Essen mit Stäbchen. Anderes Besteck gibt es nicht.

Zum Glück ist der Gastraum ziemlich leer. Wir finden Platz an einem Tisch hinter einer Säule, wo uns keiner auf die Finger sieht und dann essen wir, ähnlich wie die Chinesen den Reis aus der Schüssel, indem wir die Nudeln vom Teller mit den Stäbchen einfach in den Mund schieben. Es klappt besser als gedacht.

So gestärkt und von den morgendlichen Aktivitäten erholt, begeben wir uns voller Neugier in den Altstadttrubel Pekings, genauer gesagt, in eine namhafte **Marktgasse**, in der es „Spezialitäten" geben soll. Wie überall, sind wir auch hier von Touristengruppen aus ganz China umgeben. Sie begnügen sich nicht damit, die angebotenen Raritäten anzuschauen und zu fotografieren, nein, sie müssen unbedingt auch noch den zu Hause gebliebenen Lieben via Handy, Smartphone oder I-Pad berichten, was es hier so gibt. Das vermuten wir zumindest, denn alles um uns herum spricht und lacht und kreischt, sodass man kaum sein eigenes Wort verstehen kann.

Ich kann diesen Mitteilungsdrang gut nachempfinden, denn die „Spezialitäten", die an den eng aneinandergereihten Marktständen in großen Mengen angeboten und nach entsprechender Auswahl frisch zubereitet werden, sind allesamt höchst ungewöhnlich. Da gibt es blasse rohe Tintenfische, deren Tentakeln über den Rand des Verkaufsstandes hängen, aufgespießte Tausendfüßler von der Größe einer Bockwurst, Seepferdchen, Seeigel, Seesterne, hühnereigroße Puppen irgendwelcher fliegender Insekten, Garnelen am Spieß und Skorpione in verschiedenen Größen. Auch Spieße mit rohem Fleisch und Fisch werden angeboten. Ich will gar nicht wissen, welche Körperteile welcher Tiere dafür herhalten mussten. Gut, dass wir vorher schon gespeist haben. Der Appetit wäre uns bestimmt angesichts dieser „Köstlichkeiten" vergangen.

„Das glaubt uns zu Hause kein Mensch, was hier gegessen wird."

„Du musst das unbedingt fotografieren. Das ist einfach unglaublich. Aber beeil Dich, sonst wird mir noch übel", fordere ich meinen Mann auf. Er drängt sich dicht an die Auslagen heran und hält die Kuriositäten für die Daheim-gebliebenen fest.

Eine Stunde ist schnell vergangen und wir kehren auf den Boulevard zurück. Hier sehen wir das erste Mal in diesem weiten Land ein

Polizeiauto. Es sieht aus wie ein Bus der
Tourist-Information, beinahe drei Meter breit
und ringsherum verglast. Die beiden
Polizisten, die in dem Gefährt verblieben sind,
sehen nicht gefährlich aus. Allerdings haben
sie auch keinerlei Anlass, gegen irgendwen
vorzugehen oder eine Randale zu schlichten.
Wir haben während unserer ganzen Reise
nirgendwo öffentliche Auseinandersetzungen
oder Tätlichkeiten erlebt. Wir haben weder

Bettler noch Betrunkene gesehen und auch im dichtesten Menschengewimmel ging es zwar laut, aber friedlich zu. Gemächlich spazieren wir den Boulevard hinunter zur nächsten Marktgasse. Hier stehen die Marktstände dicht an dicht, nur getrennt von einer schmalen, kaum drei Meter breiten Gasse. Der Touristenpulk zwängt sich vorbei an einem bunten Sammelsurium von Handelsgütern. Wir werden mitgeschoben, ob wir wollen oder nicht. Neben einem Stand mit farbenfrohen Girlanden und Windspielen aller Art bietet ein Händler Haarschmuck, Glas-perlen, Ketten und Armbänder an. Kinder zeigen begeistert auf Plüschtiere mit großen runden Kulleraugen und leicht im Wind flatternde Drachen aller Größenordnungen. Eine alte Frau verkauft Hausschuhe, die aus dem Orient stammen könnten. Im Inneren der überdachten

Marktbuden hängen mit Ornamenten und Glöckchen verzierte Lampions und die typischen roten, ballonförmigen Papierlampen, die wir auch von den heimischen Chinarestaurants kennen. Nicht zu übersehen sind die chinesischen Glücksknoten - Münzen an roten Bändern - Drachen und winkenden Buddhas. Dazwischen aber auch immer wieder Stände mit Süßigkeiten und Gegrilltem. Auch Skorpione am Spieß finden sich hier. Sie zappeln sogar noch. Wenn das mal nicht den Tierschutz auf den Plan ruft!

Über allem liegt der undefinierbare Geruch von frittiertem Mais, gerösteten Mandeln und gebackenem Fisch.

„Nimmt denn das gar kein Ende?" Mein Mann kommt bald um in dem Dunst und ich bin auch froh, als endlich das Ende der Gasse in Sicht kommt. Wir haben keine Lust, uns noch einmal in der Gegenrichtung durch die Gasse zu schieben, um an den vereinbarten Treffpunkt zu kommen. Da nehmen wir lieber in Kauf, dass wir ein paar Häuserblocks weiter in den Nebenstraßen das Geviert umrunden. Wir gehen vorbei an geschlossenen Läden, die mit Gittern gesichert sind und an zwei, drei kleinen Restaurants, in denen die Leute beim Abendessen sind. Auf den Tischen stehen sogenannte Feuertöpfe, metallene Gefäße, in denen Fleischgerichte oder Suppen leise vor sich hin köcheln. Wie bei einem Kamin wird der Topf von einer zylindrischen Röhre durchdrungen, in der unten eine Flamme züngelt und oben der heiße Dampf austritt. Eine interessante Konstruktion, finden wir.

Es ist mittlerweile später Abend geworden, sodass Peking sich uns jetzt in einem vielfarbig leuchtenden Lichtermeer zeigt. Die Fahrt zu unserem Hotel gestaltet sich als interessante Lichterfahrt. Markante Punkte wie der Tiananmen-Platz mit dem Mausoleum und dem Eingang zur „Verbotenen Stadt" sind von Lichterketten umgeben. Das Ehrenmahl für die Volkshelden erstrahlt im Scheinwerferlicht. Auch der Hauptbahnhof wird von allen Seiten angestrahlt und die vielen anderen imposanten Gebäude, von denen wir nicht wissen, wen sie behausen.

*

Das „Holiday Inn" ist ein 5-Sterne-Hotel wie alle anderen Hotels, in denen wir während unserer China-Reise übernachtet haben. Auch hier finden wir die breiten französischen Betten, die kleine Sitzecke und das Teebuffet, den Flachbildfernseher an der Wand. Die Hotellobby ist großzügig im Halbkreis angelegt und der helle Marmorfußboden spiegelblank. Interessant ist der Frühstücks-raum, der in der ersten Etage, von Marmor-säulen getragen, wie eine Galerie die Lobby umrundet. Man spürt jedoch, dass hier Touristengruppen aus Europa und anderen Teilen der Welt nicht die Ausnahme sind. Die Bedienungskräfte sind freundlich, aber reserviert und nicht besonders eifrig. Zum ersten Mal bietet das Frühstücksbuffet auch Käse an, einen einfachen Schnittkäse, nichts Besonderes. Trotzdem ist der Teller unter der Glasglocke schon nach wenigen Minuten wie leergefegt. Milchprodukte wie Quark und Käse sind in China eine Seltenheit. Die Chinesen mögen keinen Käse. Sie sagen. „Er stinkt." Na gut, die Geschmäcker sind eben verschieden.

Der Bus wartet schon mit laufendem Motor vor dem Hotel auf dem Bürgersteig. Das ist nicht ungewöhnlich. Auch Motorroller dürfen auf dem Gehweg fahren und wenn es der Platz zulässt, muss man auch schon mal einer Luxuslimousine weichen. Das vollzieht sich alles in größter Ruhe, ohne Gezeter oder erhobenem Mittelfinger. Man nimmt gegenseitig Rücksicht. Trotzdem bin ich immer wieder erstaunt, wie reibungslos der Bus sich aus der Hoteleinfahrt, über den Bürgersteig und die mehrspurige Fahrbahn rückwärts fahrend, in die Gegenrichtung einreihen darf. Ohne Einweisung und Halt gebietendem Posten wäre das bei uns im Lande nicht möglich.

*

Nach dem allmorgendlichen, freundlichen „Ni hau" strahlt uns Yu Yang an und deutet auf den Himmel.

„Kaiserwetter", sagt sie, „passend zu unserem heutigen Ausflugsprogramm. Wir werden am

Tiananmen-Platz aussteigen und zur „**Verbotenen Stadt**" hinübergehen. Dann besichtigen wir den **Kaiserpalast**."

Der Himmel ist in der Tat himmelblau. Kein Wölkchen trübt den Blick. Die Temperatur liegt in dieser frühen Vormittagsstunde noch bei angenehmen 22° C. Aber der Tag ist noch lang und die Hitze wird zunehmen. 28° C im Schatten sind angekündigt. Es ist Sonnabend. Der Verkehr auf den Autobahnen ist ruhiger als sonst während der Rushhour.

„Der Verkehr ist in Peking streng geregelt", unterrichtet uns Yu Yang. „Es dürfen täglich nicht mehr als 20 000 Fahrzeuge auf den Straßen sein. Dafür hat man ein kompliziertes Reglement eingeführt. Heute dürfen z. B. nur Fahrzeuge mit den Ziffern 4 und 6 im Kennzeichen fahren. An anderen Tagen sind dann andere Zahlenkombinationen vorgeschrieben. Jeder Wochentag hat andere Regelungen. Alle Festlegungen werden nach einer bestimmten Zeit, etwa drei bis vier Wochen neu getroffen. So muss man immer sehr genau darauf achten, was gerade gilt. Die Strafen für unberechtigtes Fahren sind nicht gerade klein. Deshalb sind alle Kraftfahrer bemüht, sich an die Regeln zu halten."

„Ich habe in Peking und auch in den anderen Städten kaum mal einen LKW gesehen", wundert sich Simone.

„Das stimmt", sagt Yu Yang. „Für LKW ist die Innenstadt am Tage gesperrt. Die Lieferfahrzeuge sind nachts unterwegs oder die Händler holen ihre Ware mit einem kleinen Lieferwagen selbst aus einem Depot am Stadtrand."

Solche Warentransporte auf dreirädrigen Fahrzeugen haben wir schon mehrfach gesehen. Die Pakete sind oft so hoch aufgetürmt, dass man sich verwundert fragt, wie der Fahrer damit das Gleichgewicht halten und sich auch noch vorwärts bewegen kann. Aber auch das funktioniert offenbar.

Auf dem Tiananmen-Platz herrscht schon ein buntes Gewimmel. Er entstand 1959 als monumentales städtebauliches Ensemble und dient bei nationalen Feierlichkeiten als Paradeplatz. Im Norden grenzt er an die „Verbotene Stadt" mit dem Kaiserpalast. Im Süden befindet sich das „Mao–Mausoleum". Im Osten steht die Volkskongresshalle und ihr gegenüber das Nationalmuseum. Genau in der Mitte des riesigen Areals erhebt sich die Stele zu Ehren der Volkshelden. Er gilt als der größte innerstädtische Platz in der Welt.

Vor dem Eingang zum Mausoleum windet sich eine mehrgliedrige, den ganzen Tiananmen–

Platz einnehmende Menschenschlange. Sie alle wollen ihrem großen Führer die Ehre erweisen. So viele Schaulustige haben wir nicht mal vor dem Lenin-Mausoleum auf dem Roten Platz in Moskau gesehen. Geduldig nähern sie sich Schritt für Schritt dem ersehnten Ziel. Kein Gedrängel, kein Kindergreinen. Die Kleinen sitzen ruhig auf dem Arm von Vater oder Mutter oder trippeln an der Hand nebenher. Chinesische Jugendgruppen kann man erkennen, die einheitliche orangefarbene Jacken oder blaue Anzüge tragen. Sie kommen zumeist aus dem Binnenland. Sie verhalten sich ruhig und diszipliniert. Trotzdem liegt über dem Platz eine vielstimmige Geräuschkulisse, denn ohne Handy usw. geht auch hier gar nichts.

Wir haben für Mao keine Zeit und nähern uns stattdessen dem imposanten **„Tor des**

Himmelsfriedens", das den Eingang zur **"Verbotenen Stadt"** bildet. Mao rief hier 1949 die Gründung der Volksrepublik China aus. So verwundert es nicht, dass sein Bild in Übergröße über dem Tor prangt. Trotz der schrecklichen Ereignisse während der Kulturrevolution wird MaoTseTung noch immer sehr verehrt. Das Tor mit seinem Konterfei ist ein Staatssymbol. Auf dem Platz vor dem Tor wird jeden Morgen bei Sonnenaufgang die Nationalflagge gehisst und von einer Ehrenwache behütet. Für die einheimischen Touristen ist die Wachablösung ein begehrtes Fotomotiv. Hinter dem Tor, quasi als Krone auf der Mauer, prangen schon die Dächer des Kaiserpalastes. Die glasierten Dachziegel leuchten in kaiserlichem Gelb und ihre geschwungene Form zeugt von ihrer Entstehung in der Ming-Zeit, also Anfang des

15. Jahrhunderts.

Meister Li hatte uns auf dem Schiff mal veranschaulicht, wie man die einzelnen Baustile der Dynastien auseinanderhalten kann. Er zeigte mit ausgebreiteten Armen leicht abwärts. Das war ein Dach zu Beginn der Kaiserzeit vor etwa 2000 Jahren. Er hob die Arme in gerader Form an und hielt sie fast waagerecht. Das war die Dachform in der Han –Dynastie. Und dann schwang er die Arme wie ein Vogel nach oben und erklärte, das seien die Dächer der Ming–Dynastie.

Wir überqueren einen Wassergraben und eine schön verzierte steinerne Brücke und treten durch das Tor des Himmlischen Friedens in den Vorhof des Kaiserpalastes. Es handelt sich aber nicht nur um einen Palast, sondern um eine Ansammlung von Palästen, in denen der Kaiser, die Kaiserin und die 150 Konkubinen, Zofen und Eunuchen sowie das zahlreiche Personal lebten.

Überall findet man die kaiserlichen Insignien – goldene Drachen auf blauem Grund.

Den Mittelpunkt bilden die Thron- und Audienzhallen. Vor ihnen sitzen der Löwe und die Löwin, wie wir sie schon in Shanghai im Yu- Garten gesehen haben. In anderen Palästen sind die Kunstschätze aus aller Welt untergebracht und in den Wohnpalästen des

Kaiserpaares erhält man einen kleinen Einblick in die damaligen Lebensverhältnisse. Ich möchte nicht tauschen. Gemütlich war es jedenfalls nicht.

Mich faszinieren die kunstvoll gestalteten Dächer, auf deren geschwungenen Enden bis zu neun Fabelwesen sitzen, die die Dämonen fern halten sollten. Mich beeindruckt auch die Leichtigkeit, die dieser Baustil vermittelt und die Kunstfertigkeit der Handwerker, die all diese verzierten Dachziegel angefertigt haben. Will man in eine der Palasthallen eintreten, muss man zunächst über eine 40 cm hohe und 10 cm breite Schwelle steigen. Man könnte fast meinen, sie sei ein Hochwasserschutz, aber die Paläste sind ohnehin jeweils auf einer über verschiedene Treppen zu erreichenden Anhöhe errichtet worden.

„Diese Hürde bewirkte gleichzeitig zwei

Dinge", erläutert uns Yu Yang, „man konnte dem Kaiser nicht in die Augen sehen, was verboten war und man musste sich vor ihm verbeugen, was gefordert wurde."

An einem seitlichen Durchgang zum Wohnbereich der Kaiserin sehen wir Personen in historischen Kleidern.

Das interessiert uns, denn wir vermuten, dass hier eine Theatergruppe auftritt. Aber es ist nur der schnöde Kommerz, der auch vor dem Kaiserpalast nicht Halt macht. Jeder kann sich so ein Kostüm gegen Yuan ausleihen und dann seinen Lieben ein Foto im Gewand eines kaiserlichen Beraters oder einer Konkubine zum Geschenk machen.

Fast am Ende der Palastanlage steht der „Palast des Altwerdens in Frieden". Eine schöne Bezeichnung, wie ich finde. Er ist nicht so groß, fällt aber besonders auf durch seine mehrstufigen, farbenfroh in gold, grün, blau und rot gestalteten Eingangstore und Dächer. Er ist von uralten knorrigen Bäumen umgeben, deren Blätter im Wind leise rascheln und ihn in ein Wechselspiel von Licht und Schatten tauchen. Hier finden wir auch wieder interessant geformte, löchrige Glückssteine, wie wir sie schon mehrfach gesehen haben.

Drei Stunden sind schnell vergangen. Dabei haben wir uns gar nicht lange in den einzelnen Palasthallen aufhalten können. Inzwischen ist auch die Sonne auf ihren höchsten Stand geklettert und scheint uns unbarmherzig aufs Haupt. Gut, dass wir die kleine Wasserflasche mitgenommen haben. Die Zunge klebt schon am Gaumen. Bis zum Bus ist es nicht weit und dann begeben wir uns erfreut in den Schutz der Klimaanlage.

Während der Fahrt zum Restaurant, in dem wir

Mittag essen werden, weiht uns Yu Yang in einige Gepflogenheiten des Lebens zu Kaisers Zeiten ein:

„Der Kaiser war der einzige Mann in der „Verbotenen Stadt". Alle anderen männlichen Wesen waren Eunuchen. Neben der Kaiserin lebten am Hofe ständig etwa 150 Konkubinen, die nach einem strengen Reglement ausgewählt wurden. Aus 6000 Bewerberinnen schieden zunächst all jene aus, die nicht die richtige Größe und Figur hatten. So verblieben noch etwa 4000 junge Mädchen, deren Kopfform und Füße jetzt genauer unter die Lupe genommen wurden. Wieder schied fast die Hälfte der Anwärterinnen aus. Wer den Test bestanden hatte, wurde nun auf Schönheit und Stimmlage überprüft. Schließlich kamen 600 weibliche Wesen in die engere Wahl und durften sich ein Jahr lang am Hofe bewähren.

Letztlich durften noch 150 Konkubinen am Hofe verbleiben und auf die Gnade einer kaiserlichen Begegnung hoffen. Nur denjenigen, die besonders gewitzt waren und dem Kaiser während eines Defilees auffielen, wurde die Gunst eines außerplanmäßigen Beischlafes gewährt. Hatten sie dann auch noch das Glück, schwanger zu werden und einen Sohn zu gebären, wurden sie in die kaiserliche Familie aufgenommen. Die Mehrzahl der 150 Schönheiten wartete jedoch Zeit ihres Lebens vergebens auf solche kaiserliche Huld."

Was für ein Leben! Trotzdem war der Konkubinenstatus heiß begehrt, versprach er doch auch ohne kaiserlichen Beischlaf ein sorgenfreies und behütetes Leben bei Hofe.

Nach einer kurzen Mittagspause und dem

Besuch des „**Pearl Palace**", in dem wir ein verlockendes Angebot von Zuchtperlen und Perlenschmuck bewundern und natürlich auch hätten kaufen können, wird es noch einmal antik. Der „**Himmelstempel**" ist unser Ziel.

„Von den einst sechs kaiserlichen Altären ist dies der größte und bedeutendste. Das Areal ist mehr als doppelt so groß wie der Kaiserpalast. Die Anlage entstand um 1420 und erhielt ihr heutiges Aussehen im 16. Jahrhundert. Drei Gestaltungsmerkmale sind bestimmend: Der Kreis ist eine Form des Himmelsrunds, das Blau seine Farbe und die Zahl Drei steht für seine männliche Yang- Qualität. Die Opferterrasse im Süden ist kreisrund und dreifach gestuft. Die Zahl der Marmorplatten in den konzentrischen Ringen beträgt stets ein Vielfaches von drei. Hier brachte der Kaiser in der längsten Nacht des Jahres, stellvertretend für die gesamte Menschheit, ein aufwendiges Tieropfer dar. Wem dieses Opfer galt, erfährt man in den nördlich gelegenen kreisrunden Hallen des „Kaiserlichen Himmelsgewölbes". Die dort verwahrten „Geistertafeln" des Himmels, der Sterne, des Wetters und der Amtsvorgänger wurden zum Opfer hervorgeholt. Ein aus weißem Marmor erbauter Damm führt nach Norden zur „Halle des Erntegebets".

Er gilt als der vollkommenste Bau klassischer

chinesischer Architektur. Er ist rund, steht auf einer dreifachen Terrasse und trägt ein dreifaches Dach.

Im Innern symbolisieren die vier innersten Säulen die Jahreszeiten, der innere Ring von zwölf Säulen steht für die zwölf Monate und der äußere für die zwölf Doppelstunden des Tages."

Besser als der Marco -Polo-Reiseführer könnte ich es nicht zusammenfassend beschreiben. Es versteht sich von selbst, dass auch hier die Insignien des Kaisers allgegenwärtig sind. Eintritt und Fotografieren in das Tempelinnere sind hier nicht gestattet. So ist die Menschenkette, die sich am Aufgang zum letzten Tempel bildet, in steter Bewegung. Man defiliert um den Tempel herum, wirft einen schnellen Blick in das Innere und verlässt auf der anderen Seite die Terrasse.

Hinter dem Tempel posiert ein Brautpaar für ein Starfoto. Es weht ein kleines Lüftchen, das es dem Fotografen nicht leicht macht, die Braut in ihrem weißen Hochzeitskleid auf die Linse zu bannen. Immer wieder bauscht der Wind die lange Schleppe auf und wirbelt sie um die Glückliche herum. Schließlich flüchtet sie sich in den Windschatten des Tempels, aber dorthin scheint die Sonne nicht. Leider können wir nicht mehr sehen, ob dem Fotografen doch noch ein ruhiger Moment beschieden war, der das perfekte Foto ermöglichte.

Durch eines der dreigliedrigen Tore verlassen wir, bereichert mit Sehens- und Wissens-wertem und digital Festgehaltenem, die kaiserliche Stätte.

Auf dem Weg zum Bus begegnen wir das erste und einzige Mal Mitleid erregenden Gestalten, die um eine milde Gabe bitten. Ich weiß nicht, ob es in China auch Conterganmißbrauch gab, aber fehlende oder verstümmelte Gliedmaßen dieser armen Kreaturen ließen mich sofort daran denken. Auch Meldungen von zahlreichen Grubenunglücken kamen mir in den Sinn. Leider haben wir weder Euro noch Yuan in unseren Hosentaschen, sodass wir ihnen keine noch so kleine Spende geben können. Aber wir fühlen uns nicht besonders gut, als wir zügig an ihnen vorbei zum Bus gehen.

Wie immer, haben wir es auch diesmal eilig, denn der Tag ist noch nicht zu Ende und unser Programm auch nicht.

Nach einer schnellen Dusche und Kleiderwechsel im Hotel geht es wieder stadteinwärts zur **„Kung-Fu–Show"**.

Kung-Fu ist keine bestimmte Sportart, wie wir erfahren, sondern ganz allgemein ein

Sammelbegriff für chinesische Kampf-sportarten. Der Begriff lautet wörtlich übersetzt „harte Arbeit" und bedeutet im philosophischen Sinne „...das Unterfangen des Menschen, sich durch ständiges Bemühen zu vervollkommnen..."

Ein Kung-Fu-Kämpfer zu werden, erfordert Geduld, Ausdauer, Disziplin und einen starken Willen.

Die Show veranschaulicht, wie aus einem kleinen Jungen allmählich mit viel Mühe und Kraft, unter Bezwingung innerer Widerstände, ein mutiger, kluger und anerkannter Kung-Fu-Kämpfer wird.

Wie seit 1500 Jahren, als die ersten Shaolin-Mönche die körperliche Auseinandersetzung zu einer gefürchteten Kunst entwickelten, lernt er, die traditionellen Waffen geschickt und erfolgreich zu handhaben. Dabei stehen ihm die fünf Elemente zur Verfügung:

der Stock steht für Holz, der Speer für Feuer, die Faust entspricht der Erde, der Säbel Metall und das Schwert bedeutet Wasser.

Das traditionelle Training ist strengen Regeln unterworfen und äußerst anspruchsvoll.

Da während der Vorstellung kämpferische Auseinandersetzungen nicht nur angedeutet werden, sondern auch einige, sehr knifflige und gefährliche Handhabungen mit Säbel und Schwert gezeigt werden, ist das Fotografieren während der Vorstellung nicht erlaubt. So bleibt uns zur Erinnerung nur der Prospekt und ein Foto von dem kindlichen Kämpfer, der einem Buddha gleich, vor Beginn der Veranstaltung reglos auf einem Thron im Vestibül des Theaters sitzt.

Uns hat die Show gefallen, wenngleich wir gern etwas mehr von den eigentlichen

Kampfkünsten gesehen hätten.

Einmal im Leben möchte ich vor den Pyramiden stehen, einmal möchte ich in den Grand Canyon sehen und einmal möchte ich auf der Großen Mauer gehen - Wunschträume meiner Jugendzeit, die unerfüllbar schienen. Die Pyramiden fand ich längst nicht so beeindruckend wie die Kultstätte Ramses II. und seiner Frau Nefertari in Abu Simbel. Ich weiß noch, wie ergriffen ich war, als der Sonnenball hinter dem Hügel jenseits des Nasser-Sees aufstieg und auf direktem Wege durch das Eingangsportal des Tempels auf die Statuen des Gottes Amun und Ramses II. fiel und sie zum Strahlen brachte. Es enttäuschte mich, die Pyramiden, das dreitausendjährige Präzisionswerk der alten Ägypter, im staubigen Sand, gleich hinter den Müllhalden der übervölkerten Stadt Kairo zu sehen. Die Bedrängung der Touristen durch Andenkenhändler aller Altersgruppen trug auch nicht dazu bei, die Erhabenheit dieser Weltwunder zu erfassen.

Beim Blick von der Aussichtsterrasse in den Grand Canyon hatte ich das Gefühl, einen Abstecher in die geologische Entstehung unserer Erde zu machen und war sehr beeindruckt. Ich spürte eine Weite und Größe in mir, als könnte ich die ganze Welt umarmen. Auch der zuvor gezeigte 3-D-Film, in dem ich vermeintlich mit einem Hubschrauber den Colorado entlang durch die grandiose Landschaft des Grand Canyon flog, hatte mich emotional aufgewühlt.

Heute nun soll mein dritter Wunsch in Erfüllung gehen. Wir fahren zur **Großen Mauer.**

„Sind Sie einverstanden, wenn wir schon um 7.30 Uhr losfahren? Bis zur Großen Mauer sind es etwa 70 km. Das Besucherzentrum öffnet um 9.00 Uhr. Dann gehören wir zu den ersten Besuchern und können noch ungehindert die Mauer begehen. Später wird es meistens richtig voll."

Natürlich stimmen wir zu und das Aufstehen fällt uns nicht schwer, als der Wecker kurz vor 6.00 Uhr klingelt.

Während der Fahrt gibt uns Yu Yang eine kleine Einführung in die Entstehungsgeschichte der Mauer und nennt uns die interessantesten Fakten über das Bauwerk, das in der ganzen Welt bekannt ist und sogar schon aus dem Weltraum fotografiert wurde.

Uns ist bekannt, dass die Große Mauer aus mehreren Teilstücken entstanden ist, die in den verschiedenen Epochen der Kaiserzeit als

Schutzwälle gegen nomadisierende Reiterstämme aus dem Norden gebaut wurden. Nicht alle Mauerabschnitte haben die Jahrhunderte überdauert. Einige bestanden nur aus Lehm und Erde und sind mittlerweile zerfallen, aber dank mühevoller Erhaltungs- und Rekonstruktionsarbeiten ist die Mauer bis heute das Wahrzeichen Chinas, das man in aller Welt kennt.

„Begonnen wurde mit ihrem Bau im 7. Jhd. Jüngste Messungen ergaben eine Gesamtlänge von 21.200 km. Davon entstanden allein in der Ming-Dynastie 10 000 km. Man zählt heute etwa 43 721 Einzelobjekte und -standorte. Die Große Mauer führt durch weite Täler und über schroffe Bergmassive und windet sich wie eine Schlange quer durch das nördliche China. Speziell für die zahlreichen Touristengruppen hat man einige Abschnitte der Mauer besonders gut restauriert und zugängig gemacht.

Wir fahren nach Badaling, dem wohl bekanntesten Mauerabschnitt in der Nähe der Hauptstadt Peking," setzt uns Yu Yang ins Bild.

Trotz unserer frühzeitigen Ankunft stehen schon mehr als zehn Reisebusse auf dem Parkplatz und der Platz vor den Eintrittskassen ist proppenvoll.

Trotzdem gelingt es unserer versierten Reiseleiterin, schon nach kurzer Zeit die Eintrittskarten für uns zu erstehen.

„Wir gehen jetzt gemeinsam bis zu einer Treppe, die sich auf halber Höhe nach rechts und links teilt", bestimmt Yu Yang. „Die rechte Seite der Mauer steigt nur allmählich an und führt über vier Wachtürme bis auf den Berg, den Sie von hier aus sehen können. Die linke

Seite der Mauer ist steiler und hat mehrere unterschiedlich lange Treppen-abschnitte. Sie entscheiden bitte selbst, welchen Abschnitt Sie wählen möchten. Sie haben zwei Stunden Zeit. Wir treffen uns dann um 11.30 Uhr vor dem Café gegenüber vom Parkplatz. Ich wünsche Ihnen viel Spaß."

Ich bin noch im Zweifel, ob ich mir das Treppensteigen zutrauen kann, aber mein Mann ist schon nach links abgebogen und auf dem vier Meter breiten Mauergang verschwunden.

Die Mauer besteht hier aus grauen, gebrannten Ziegelsteinen, die auf der einen Seite einen zinnenförmigen Abschluss zum steil abfallenden Gelände bilden, während auf der gegenüberliegenden Seite ein breiter Mauerrand den Blick freigibt auf die hügelige, mit Strauch und Buschwerk dicht bewaldete Landschaft und den rechtsseitigen, wellenförmig auf- und absteigenden Mauerabschnitt. Dort drängt sich schon ein bunter Touristenstrom hügelan. Der Begriff „Hügel" wird der Tatsache nicht gerecht, dass es sich hierbei um mehr als 1000 m hohe Berge handelt.

Mein Mann wartet schon mit gezücktem Fotoapparat. Die ersten fünfzig Meter führt ein Weg aus ungleichen, aber behauenen Steinplatten allmählich, aber stetig bergan. Petrus ist auch heute mit uns im Bunde. Die Sonne strahlt vom Firmament. Nur ein paar Schleierwolken trüben das Blau. Die Temperatur ist noch erträglich zu dieser Stunde, 22°C. Aber, es wird wieder heiß werden, bis zu 30°C im Schatten.

Die Mauer schlängelt sich dahin. Der Plattenweg ist nicht ganz eben. Einige Platten ragen wenige Zentimeter hervor, andere sind ausgetreten oder vom Regen ausgewaschen und man versinkt ein wenig darin. Also heißt es, aufpassen, wohin man tritt. Hinter der zweiten Biegung beginnt der erste Treppenabschnitt. Sieht gar nicht so schlimm aus. Vielleicht dreißig Stufen, schätze ich. Aber die haben es in sich. Sie sind völlig unregelmäßig, mal 10cm, mal 40cm hoch, mal fußbreit, mal einen halben Meter breit, auf jeden Fall aber immer in einem ziemlich steilen Winkel aufwärts führend. An der rechten Mauerseite führt ein stabiles Geländer entlang, das ich zunächst ignoriert habe. Aber schon, als kaum die Hälfte des Anstiegs hinter mir liegt, bin ich froh, dass ich mich daran hinaufziehen kann. Noch drei Meter Plattenweg und dann haben wir den ersten Turm erreicht. Diese zwölf Meter hohen Türme stehen im Abstand von hundert Metern die ganze Mauer entlang. Sie dienten früher als Waffenlager und als Signalturm. Wenn Gefahr im Verzuge war, wurde auf dem Turm ein Feuer entfacht und so den Nachbartürmen die Warnung übermittelt. Vom Innenleben des Wachturmes ist außer einigen mehr oder weniger eingefallenen Mauern nichts mehr geblieben. Künstler nutzen die schattigen Plätze, um den Touristen ein originelles Andenken an die Mauerbegehung mit auf den Weg zu geben. Ein Schild aus Kupfer, Bronze oder Zinn mit dem Mauerrelief wird vor Ort mit dem Namen des Bezwingers graviert. Natürlich wollen wir auch so ein Mitbringsel haben. Außerdem ist die Wartezeit eine willkommene Atempause. Wir können in aller Ruhe einen Blick auf die Berge werfen, deren Kämmen die Mauer in einem steten Hin und Her und Auf und Ab in beiden Richtungen bis ins Unendliche folgt. Mit ihren gezackten Mauerkronen sieht sie aus wie ein unendlicher Drache, der sich über das Land windet. An manchen Stellen stehen die Wachtürme auf den Gipfeln steil abfallender Felsen. Unglaublich, was vor 1500 Jahren mit einfachsten Mitteln durch Millionen fleißiger Hände Arbeit geschaffen wurde. Regina macht noch ein Foto von uns beiden und der Mauer. Dann begeben wir uns wieder auf den Mauerweg, der uns nach wenigen -zig Metern zum Fuß der nächsten Treppe führt. Der Anstieg ist noch steiler als beim ersten Mal.

Nicht nur wir schnaufen nach vollbrachter Leistung. Der zweite Turm bildet zugleich auch den Scheitelpunkt des erklommenen Berges. Wir haben nun einen wundervollen Blick in das dahinter liegende Tal, das dicht mit Akazien bewachsen ist. Ihre Blütezeit ist aber leider schon vorbei. Die Mauer windet sich in Schlangenlinien bergab, um nach Erreichen der Talsohle sogleich wieder anzusteigen und in steilem Winkel dem nächsten Berg zu folgen. Es ist faszinierend, die schier endlose Linie zu verfolgen, die die Mauer durch das Gebirge zieht. Wir sind überwältigt von dem Anblick und von seiner Einmaligkeit. Wir halten uns bei den Händen und stehen schweigend beieinander, irgendwie seltsam berührt, dass es uns vergönnt ist, dieses Erlebnis miteinander zu teilen.

Vom zweiten Turm haben wir noch einen

besseren Überblick auf den Mauerabschnitt, der weniger steil den Bergkämmen folgt. Die Menschenmenge, die sich jetzt auf dem flacheren Abschnitt in die Gegenrichtung bewegt, ist mittlerweile zu einem geschlossenen Demonstrationszug angewachsen und auch in unserer Richtung nimmt der Ansturm zu.

Ein Blick auf die Uhr zeigt, dass es Zeit ist, abzusteigen.

„Wie sollen wir jemals heil wieder hier runterkommen?"

Erst jetzt wird mir bewusst, dass der Anstiegswinkel der letzten Treppe beinah 45 ° betragen hat. Von hier oben sieht man zwar gut in die Ferne, aber kaum, wie hoch oder besser tief die einzelnen Stufen sind. Vor mir steigen zwei junge Chinesinnen seitlich, sich mit beiden Händen am Geländer festhaltend, die unregelmäßige Treppe hinunter. Ich mache es ihnen nach und gaanz langsam nähern wir uns dem Plattenweg, der aber immer noch ziemlich steil bergab führt. Eine junge Mutti kommt uns mit einem Kleinkind entgegen. Tapfer steigt der kleine Wicht die Treppe hoch. Muttis Hand ist sicher, aber wie machen sie es beim Abstieg? Die jungen Leute hüpfen munter von Stufe zu Stufe. Die Älteren lehnen sich an die Mauer und lassen sich langsam hinuntergleiten.

Auf halber Höhe zwischen zwei Türmen, kommen uns drei junge Mädchen mit hellen Hüten entgegen. Da ich gerade an der Mauer stehe, stellen sich zwei dazu, während die dritte ein Foto macht. Yu Yang hatte uns schon darauf vorbereitet, dass es für die aus dem Landesinneren kommenden chinesischen Touristen eine Seltenheit ist, Ausländer zu treffen. Sie wollen dann die Begegnung mit den „Langnasen", wie sie uns nennen, unbedingt festhalten. Mein Mann nimmt der jungen Frau den Fotoapparat ab und bittet sie, sich dazu zu stellen, was sie auch gerne tut. Dann machen wir auch noch ein Foto mit unserem Apparat und setzen den Abstieg nach mehrfachem gegenseitigem „Bye, bye" fort. Englisch ist eben international.

Nach einem weiteren Foto, mit vielem Winken und „Hallo" erreichen wir den Ausgangspunkt unserer Mauerbesteigung.

Wir sind uns beide einig, dass dies der absolute Höhepunkt der Reise war.

Unser heutiges Tagesprogramm ist jedoch noch nicht zu Ende. Wir fahren zum Mittagessen in eine Großgaststätte, die sich über einer **Manufaktur** befindet, in der die berühmten chinesischen **Kupfervasen** hergestellt werden, wie wir sie in den kaiserlichen Palästen gesehen haben. Bei einer Führung durch die Manufaktur können wir den mühsamen Herstellungsprozess verfolgen.

Auf die noch schmucklose Vase werden von geschickten Händen hauchdünne Kupferdrähte geklebt, die das künftige Dekor umreißen. In einer weiteren Abteilung werden die Innenflächen der Mustervorgaben bemalt. Jede Farbe wird einzeln aufgetragen und danach sofort gebrannt. Bis zu sechs Farben und demzufolge auch sechs Brennvorgänge kommen für bestimmte Muster zusammen. Im Ausstellungsraum bewundern wir dann die fertigen Objekte: Vasen in verschiedenen Formen und Größen mit Blumen- oder Landschaftsmotiven oder Fabelwesen aus der chinesischen Mythologie. Wir sehen kunstvolle Figuren in den traditionellen Gewändern, Drachen, Schildkröten, Vögel und Segelschiffe aller Art. Ein silberner Greif spreizt sein Gefieder über eine smaragdgrüne

Kugel. Es glänzt und glitzert von allen Seiten. Kaum zu glauben, dass das alles in mühevoller Handarbeit entstanden ist. Die meisten Objekte entstehen im Auftrag von Museen und ersetzen verlorengegangene oder beschädigte Kunstgegenstände. Das Eine oder Andere kann man aber auch kaufen, so man denn genug Geld hat.

Auf der Fahrt zurück nach Peking machen wir noch einen kurzen Zwischenstopp im **Olympiapark**. Gerade noch im Banne der Vergangenheit, erleben wir jetzt einen Schritt in die Zukunft. Ein moderner Aussichtsturm macht schon von weitem auf das Olympiagelände aufmerksam. Fünf schlanke Betonsäulen recken sich, eng aneinander stehend, in abgestufter Form in die Höhe. Den Abschluss bilden von einem Stahlgitter gehaltene Aussichtsplattformen, zu denen

Fahrstühle durch gläserne Schächte führen. Sicher hat man von dort oben eine schöne Aussicht, aber uns bleibt dafür keine Zeit. Wir spazieren über einen breiten Boulevard zum „Vogelnest", dem markanten Olympiastadion, in dem die Eröffnungsveranstaltung stattfand und auch das große Finale. Ein bizarres Geflecht aus dicken Stahlträgern umgibt die Arena. Gegenüber befindet sich das Schwimmstadion, dessen wabenförmige Außenhaut mich an Noppenfolie erinnert. Vier große Hotelkomplexe säumen das Gelände. Der Journalistentower sieht von weitem wie ein eckiger Kopf mit wehendem Haarschopf aus.

Der Olympiapark ist ein beliebtes Naherholungsgebiet für die Pekinger, wovon auch die endlose Reihe von bunt beschirmten Marktständen zeugt, in denen alles angeboten wird, was man nicht braucht.

Ohne etwas zu kaufen, steigen wir wieder in den Bus und setzen unsere Fahrt in die Innenstadt fort.

Man kann nicht in Peking gewesen sein, ohne wenigstens einmal mit einer Rikscha zu fahren. Das dachte sich wohl auch der Reiseveranstalter, als er eine **Rikschafahrt** durch einen **Hutong** in das Programm aufnahm. Obwohl Fahrräder und Rikschas, die man aus Bildbänden über China als das typische, alle Straßen beherrschende Verkehrsmittel kennt, aus dem heutigen Straßenbild so gut wie verschwunden und statt dessen Elektroroller und große Limousinen an ihre Stelle getreten sind, gewährt man den ausländischen Touristen noch die Möglichkeit, in das alte Pekinger Leben Einsicht zu nehmen. Dazu fahren wir in einen „Hutong", einen Teil der Altstadt von Peking.

„Die Hutongs sind enge Gassen mit traditionellen Wohnhöfen, in denen heute noch etwa die Hälfte der Wohnbevölkerung Pekings in eingeschossigen, im Geviert angeordneten Häuschen lebt. Sie entstanden in der Zeit, als die Mandschuren das Land beherrschten als Zeichen für gut nachbarschaftliches Zusammenleben mit den Han-Chinesen. Der Begriff „Hutong" stammt aus dem Mongolischen und bedeutet so viel wie „Quelle". Es waren zumeist Brunnen, um die herum solche Wohnviertel entstanden. Es sind einfache, niedrige Häuser mit zwei bis drei Zimmerchen, überwiegend ohne eigene sanitäre Anlagen, die, von einer Außenmauer abgeschirmt, um einen kleinen, gemeinsamen Innenhof gebaut wurden. Der Zugang erfolgt durch ein kleines Tor. Für dringende

Bedürfnisse gibt es bis heute Gemeinschaftsanlagen, aber es gibt auch Schulen und kleine Geschäfte, Werkstätten und Teestuben. Jeder Hutong ist ein in sich geschlossenes Dorf. Heute existieren noch etwa 3000 solcher Hutongs. Sie alle haben inzwischen einen Stromanschluss und die Menschen müssen auf moderne elektrische Geräte, wie Waschmaschinen und Elektroherde, nicht verzichten. Auch das Fernsehgerät und das Internet haben in den Hutongs Einzug gehalten. Trotzdem werden die meisten von ihnen nach und nach verschwinden und modernen Hochhäusern Platz machen, denn Peking wächst, wie auch andere Großstädte, sehr schnell und auch die Bedürfnisse der Bevölkerung wachsen.

Einige wenige Hutongs werden rekonstruiert und als Museumsdörfer erhalten bleiben.“ Nach diesen Ausführungen Yu Yangs besteigen wir jeweils zu zweit eine Fahrradrikscha und begeben uns auf einen Rundkurs durch einen Hutong.

Die Gassen sind kaum drei Meter breit und holprig. Drei Meter hohe, graue Ziegelsteinmauern schirmen die dahinter liegenden Wohnhäuschen vor neugierigen Blicken ab. Ein Gewirr von Strom- und Telefonkabeln führt über unsere Köpfe hinweg zu Betonmasten, die direkt an die Mauern gelehnt sind. Unsere Rikschafahrerin ist eine resolute junge Frau, die zügig durch die engen Gassen und um die Kurven prescht. Es ist bewundernswürdig, wie sie den parkenden Autos und Motorrollern oder auch entgegenkommenden Bewohnern und Fahrzeugen ungebremst ausweicht. An einigen Mauerabschnitten sehen wir die uns schon bekannten Klimaanlagen hängen. Die öffentlichen Toiletten sind schon von weitem am Geruch erkennbar. Vor den Eingangspforten zu den Innenhöfen stehen ab und an Blumentöpfe. Vor anderen hängen frisch gewaschene Laken oder Steppdecken zum Lüften. Kinderspielzeug, Tretroller und Miniräder lehnen an der Wand.

Wir machen Halt vor dem Eingang zu einem kleinen Innenhof. Hier wohnt ein Ehepaar, das sich bereit erklärt hat, Touristen einen Einblick in seine Wohnverhältnisse zu geben. Sie bekommen ein kleines Salär und bessern sich damit ihre Rente auf. Wir dürfen im Wohnzimmer Platz nehmen, in dem außer den bereit gestellten Stühlen nur noch eine wertvolle Standuhr und ein reich verzierter Schrank aus dunklem Mahagoni Platz haben. Wie aus einer anderen Welt, hängt ein großer Flachbildfernseher an der Wand. Die gute Frau war vor ihrer Pensionierung bei der Post angestellt und ihr Mann hatte auch eine angesehene Tätigkeit, sodass man davon ausgehen kann, dass sie nicht zu den Ärmsten gehören. Aber wir haben ohnehin keine Vorstellung davon, wie eine normale chinesische Familie eingerichtet ist und wie sich ihr Alltagsleben gestaltet. Wir werden mit Tee bewirtet und können dann Fragen stellen, aber wir fühlen uns nicht wohl in der Rolle der neugierigen, unwissenden Ausländer und sehen uns lieber im Hof ein bisschen um. Wir sind erleichtert, als die Besuchszeit vorüber ist und wir uns wieder in die Rikscha begeben können.

Wieder geht die Fahrt durch die engen Gassen des Hutongs. Jetzt, zur Feierabendzeit, stehen viele Menschen auf der Straße vor ihren Hauseingängen und tauschen Neuigkeiten aus. Der Anblick neugieriger „Langnasen" in ihren Rikschas ist ihnen nicht fremd, ja, er scheint sogar willkommen zu sein, denn sie winken und lächeln uns freundlich zu.

Die Fahrt endet an gleicher Stelle, an der wir eingestiegen sind. Nachdem wir uns mit einem kleinen Trinkgeld von unserer tüchtigen Radlerin verabschiedet haben, führt uns Yu Yang in einen angrenzenden Teil der Altstadt, die uns aufgrund ihrer baulichen Beschaffenheit doch eher in eine Hauptstadt zu gehören scheint. Die Fassaden der zumeist dreigeschossigen Häuser sind farbenfreudig gestaltet und reich verziert. Zum Boulevard hin sind die Läden und kleinen Gaststätten, die hier anzutreffen sind, zumeist offen. Im Vorbeigehen kann man das Angebot überblicken oder eine Prise würzigen, gebratenen Fleisches aufnehmen. Schaufenster im üblichen Sinne gibt es hier nicht. Nichts weist darauf hin, dass sich in dem vor uns liegenden Gebäude mit den schönen, roten Ballonleuchten auf balkonartigen Vorsprüngen eine Apotheke befindet. Oder doch? Yu Yang zeigt mir das kreisrunde, goldumrandete Emblem in der dritten Etage, das einen goldenen Äskulapstab auf rotem Grund trägt. Ich hatte sie gebeten, mal einen Blick in eine alte Apotheke werfen zu dürfen, denn unsere Enkeltochter arbeitet in einer Apotheke. Was ich jedoch nach meinem Eintreten sehe, hat nichts Altes an sich. Es ist eine hochmoderne Einrichtung, mit Rolltreppe und beleuchteten gläsernen Vitrinen, in denen sich allerdings für unsere Augen höchst seltsame Heilmittel befinden. Neben verschlossenen, vielfarbig gekennzeichneten Gläsern mit weißen, grauen und braunen Pülverchen finde ich ein ganzes Regal mit eigenwillig geformten Wurzeln auf gläsernen Schalen - Ginseng - vermute ich. In einer Vitrine sind ähnliche Wurzeln in Geschenkkartons verpackt. Ich denke jedenfalls, dass es Geschenke sind, denn die jeweilige Wurzel steht auf rotem Velourpapier in einer gleichfarbigen Schachtel mit Sichtfenster und goldfarbenen Schriftzeichen. Als ich meinen Fotoapparat klar mache, um meiner Enkeltochter die seltenen Arzneien zu zeigen, bedeutet man mir höflich, dass das nicht erlaubt ist. Das ist sehr schade. Aber so schnell gebe ich nicht auf. Ich versuche, der ganz in weiß gekleideten Mitarbeiterin auf Englisch zu erklären, warum ich gern ein Foto machen würde. Sie schüttelt den Kopf, dreht sich aber zu den Regalen um und weist mir den Rücken. Das kann nur bedeuten, dass sie nicht sehen will, wie ich fotografiere. Schnell drücke ich auf den Auslöser und es gelingt mir sogar, noch weitere Fotos zu schießen, denn die nette junge Frau geht jetzt nach hinten in einen anderen Raum.

Während ich in der Apotheke war, sind die anderen Mitglieder unserer Reisegruppe nur wenige Meter weiter in einen Souvenirladen gegangen.

Als alle wieder beisammen sind, biegen wir in die nächste Straße ein und stellen mit Erstaunen fest, dass wir schon wieder dicht beim Tiananmen-Platz sind. Eine breite Fußgängerzone führt direkt auf das südliche Stadttor. Nur eine historische Straßenbahn darf hier gut 300 Meter auf und ab fahren und müde Fußgänger ein Stückchen mitnehmen. Der Boulevard entpuppt sich als interessante Flaniermeile, hübsch gestaltet mit riesigen, mit Blumen bepflanzten Kupfertrögen, interessanten Straßenlaternen, die wie zwei kleine, aneinander gebundene Fässchen aussehen, und zahlreichen Skulpturen vor den Läden. Als ich mich für ein Foto auf einen kupfernen Hocker hinter einen ebensolchen Tisch zwischen zwei Tee trinkende kupferne Chinesen setze, kommt zu meiner Überraschung aus der dahinter liegenden Teestube eine freundliche Bedienung und bietet mir einen kostenlosen Becher Tee an. Ein Stück weiter kann ich meinen Mann überreden, sich zwischen zwei

Kung-Fu–Kämpfer und ihren Schüler zu stellen.

Der Meister blieb, wo er war und es kam auch kein Streiter aus dem dahinter liegenden Laden. Es ist ein schönes Foto geworden.

Auch unsere Mitreisenden haben interessante Motive gefunden. Viel zu schnell ist die Freizeit vorüber und der Bus steht zur Abfahrt bereit.

Zum wiederholten Male fahren wir an modernen Hochhäusern und ihren in der Nachmittagssonne glänzenden, gläsernen Fassaden vorbei. An einem von ihnen entdecke ich plötzlich seltsame, rote Punkte. Als wir näher herankommen, sehen wir, dass es Menschen sind. Acht Fensterputzer hängen in schwindelnder Höhe mit ihren weißen Putzeimern an Seilen an der Fassade und putzen die Fenster in der 30. Etage!

„Schnell, gib den Fotoapparat. Das glaubt uns sonst keiner, dass hier Artisten als Fensterputzer am Werk sind". Ich reiße meinem Mann den Fotoapparat aus der Hand und hoffe, dass ich schnell genug bin, um dieses Schauspiel festzuhalten.

„Das wird nichts", sagt mein Mann. „Aus dem Bus wird das sowieso nichts."

In letzter Sekunde drücke ich auf den Auslöser.

Mit den modernen Digitalkameras kann man gleich sehen, ob das Foto gelungen ist oder nicht. Neugierig schauen wir auf das Display und siehe da, die Fensterputzer sind alle auf dem Bild und es ist nicht mal verwackelt.

„Schöner Schnappschuss", sagt mein Mann, „das kannst Du unter dem Motto „Arbeitsschutz in China" ins Netz stellen."

Aber das will ich eigentlich nicht.

Als wir aus dem Stadtzentrum heraus sind und durch die älteren Wohngebiete fahren, fallen uns wieder die fünf- bis zehnstöckigen Wohngebäude auf, deren Fenster in den unteren Etagen fast alle vergittert sind. Das passt irgendwie nicht zu dem Bild, das wir uns bisher von den Chinesen gemacht haben. Aber Yu Yang erklärt uns, dass durch die enorme Zuwanderung ehemaliger Landbewohner auch sehr große Unterschiede im Lebensniveau entstanden sind. Die Möglichkeiten, einen gut dotierten Arbeitsplatz zu finden, sind für die zumeist ungebildeten Wanderarbeiter sehr gering. Da bleibt es nicht aus, dass sie sich den erträumten „Luxus" auf andere Weise beschaffen. Diebstähle werden selten aufgeklärt. Da muss sich jeder selbst behelfen.Unsere Fahrt hat sich jetzt zur Rushhour ziemlich verlangsamt, sodass wir immer häufiger in einen kurzen Stau geraten. An mehreren Stellen beobachten wir dichte Menschentrauben, die von Männern in orangefarbenen Overalls zu einer Zweierreihe geordnet werden.

„Das sind Verkehrshelfer, die an den Bushaltestellen für Ordnung sorgen", erklärt uns Yu Yang. An anderen Stellen beobachten wir ebenso gekleidete Leute, die mit einem Strohbesen und einer Schaufel an einem langen Stiel mitten auf der Straße oder am Straßenrand Abfälle auflesen und in einen Blechkasten entleeren, der sich zumeist nicht weit entfernt auf dem Fonds eines dreirädrigen Motorkarrens befindet. Aber am tollsten finde ich eine Konstruktion zum Batterieaufladen für Motorräder, die wir bei einem kurzen Halt auf dem benachbarten Gehweg entdecken. Zwei Motorroller sind mit einer dicken Kette miteinander verbunden. Von ihnen reicht ein Kabel in den daneben stehenden Baum. Auf halber Strecke zwischen Motorroller und Baumkrone hängt eine Steckverbindung, wie bei einer Verlängerungsschnur. Das ist alles. Woher der Strom genau kommt, können wir nicht ermitteln. Möglicherweise haben die findigen Nutzer eine Straßenlaterne angezapft. Dass so etwas durchaus gängige Praxis ist, haben wir bei einem abendlichen Spaziergang von unserem Hotel zum Supermarkt, zwei Straßen weiter, gesehen. Mitten auf einem Abschnitt des Gehweges fand gerade ein Flohmarkt statt, durch den wir uns hindurch schlängeln mussten. Anstelle von Marktbuden waren die Waren auf Tüchern auf dem Trottoir ausgebreitet oder hingen an rollbaren Kleiderständern. Mehr oder weniger große Scheinwerfer warfen ein mattes Licht auf die Auslagen. Sie waren entweder an eine Batterie angeschlossen oder direkt an einen Lichtmast geklemmt. Mein Mann fand das interessant, ich eher sonderbar.

Genauso sonderbar fand ich auch das aus verschieden großen Brettern zusammengenagelte Taubenhaus auf dem Balkon eines Hauses mitten in der Stadt am Rande einer Hauptverkehrsstraße. Über das Gewirr von Strom- und Telefonleitungen, das die Straßen

Pekings außerhalb des Stadtzentrums säumt, wunderten wir uns nicht so, denn Ähnliches hatten wir schon in anderen Hauptstädten gesehen, deren gealterte Infrastruktur mit der schnellen Entwicklung unserer modernen Welt nicht Schritt halten konnte.

Es wird noch ein Weilchen dauern, bis wir am „Holyday Inn" ankommen werden.

Yu Yang nutzt die Zeit, um noch einige, allseits interessierende Fragen zu beantworten. Zum Beispiel zur Altersversorgung, zum Gesundheitssystem und zur Urlaubsregelung. Ich kann mir nicht alles merken, aber es beeindruckt mich schon, dass Frauen bereits mit 50- und Männer mit 60 Jahren in Rente gehen können. Eine Art Sozialversicherung, wie wir sie in der DDR kannten, sichert die Grundversorgung im Alter und im Gesundheitswesen. Die Beiträge für Angestellte werden generell von den Firmen gezahlt, Bauern zahlen 10 Yuan pro Monat plus 50% anfallender Krankenhauskosten, Freiberufler bis zu 1000 Yuan im Monat. Alle Gesundheitseinrichtungen, Krankenhäuser und Ärztehäuser sind staatlich. Privatpraxen gibt es nicht. Die besten Ärzte arbeiten in den Krankenhäusern. Selbstredend handelt es sich um eine ganzheitliche medizinische Betreuung. Die Kindergartenbetreuung war bis zur Öffnung des Marktes kostenlos. Jetzt müssen die Eltern einen Beitrag leisten, der sich jedoch in Grenzen hält. Der Urlaub ist gestaffelt, je nach Arbeitsjahrzehnten gibt es sechs, zwölf oder achtzehn Urlaubstage für Angestellte. Dazu kommen für alle Werktätigen sieben freie Tage anlässlich des Frühlingsfestes, sieben freie Tage rund um den Nationalfeiertag und drei freie Tage zum 1. Mai. Wer also 30 Jahre oder mehr gearbeitet hat, erhält im Jahr 35 Urlaubstage.

Die Schulbildung ist ähnlich wie bei uns geregelt und beginnt mit der Grundschule, geht ab 7. Klasse in die Mittelschule über und endet nach zweijähriger Oberstufe in der 12. Klasse mit dem Abitur. Diese Ausbildung ist kostenlos. Das Studium jedoch ist eine teure Angelegenheit. 2000 bis 3000 Yuan Studiengebühren pro Monat plus Kosten für Unterkunft und Lehrmaterial, Ernährung und Taschengeld. Das können dann leicht 6000 Yuan pro Monat werden. Es gibt allerdings auch so etwas wie Bafög. Die Zinsen betragen 1%. Trotzdem kann sich nicht jede Familie eine solche Ausbildung für ihr Kind leisten.

Yu Yang hatte das Glück, einen geförderten Austauschstudienplatz in Deutschland zu bekommen, aber sie hat, wie sie sagt, die

Aufnahmeprüfung nicht bestanden. Nach einem halben Jahr Sprachunterricht konnte sie zwar fließend und fehlerfrei Deutsch, aber die Fachterminologie für ein Maschinenbaustudium beherrschte sie noch nicht. So musste sie in ihr Heimatland zurückkehren.

Wir sind alle froh, dass sie uns auf diese Weise zur Verfügung steht und sich tagtäglich mit vollem Einsatz um uns bemüht. Sie hat stets ein offenes Ohr für uns und kennt keinen Feierabend. Dank ihrer ausgezeichneten Sprachkenntnisse kann sie uns auch vieles vermitteln, was nicht in den Reiseführern steht. Sie kennt auch die Eigenheiten von uns Deutschen und beugt daher eventuellen Konflikten vor. Außerdem ist sie klug und sehr charmant.

Wir fühlen uns von ihr bestens betreut.

„Morgen dürfen Sie ausschlafen. Wir haben

nur noch einen Besuch im Sommerpalast in unserem Programm. Dafür genügt es, wenn wir uns um 9.30 Uhr vor dem Hotel treffen. Also, erholen Sie sich gut bis dahin und „Dsai djen" bis Morgen."

Der Bus ist angekommen und entlässt uns in den lauen Sommerabend.

„Wirst Du jetzt nach Hause fahren zu Deiner Familie?", frage ich Yu Yang beim Aussteigen. Ich weiß, dass sie eine kleine Tochter hat, um die sich normalerweise ihre Mutter kümmert. Aber nun ist sie schwer erkrankt, sodass ihr Mann die Kleine aus dem Kindergarten abholen und betreuen muss.

„Nein, solange ich Gäste betreue, bleibe ich im Hotel in ihrer Nähe. Es kann ja immer etwas sein, was meine Hilfe erfordert. Aber mein Mann und meine Tochter kommen mich heute Abend besuchen", verrät sie mir „und morgen bin ich dann ja auch wieder zu Hause."

„Na dann, bye, bye bis morgen!"

*

Der letzte Reisetag verspricht noch einmal, sonnig und warm zu werden. Was haben wir doch für ein Glück mit dem Wetter. Kein Nebel, kein Sturm, kaum Regen und kein Smog. Dazu angenehme, frühsommerliche Temperaturen in Peking. Bei Sonnenschein fühlt man sich in einer fremden Umgebung gleich viel wohler und nimmt die vielgestaltigen, neuen Eindrücke auf- geschlossen und freudig auf. So empfinde ich es zumindest und meinem Mann geht es ebenso. Wir wundern uns über die relativ häufig im Straßenbild auftauchenden Personen mit Mundschutz, obwohl aus unserer Sicht gar kein Anlass dazu vorliegt. Es sind überwiegend Frauen, die ihn auch bei diesem herrlichen Wetter tragen. Bei einigen erkenne ich sogar Blumenmotive und farbige Ornamente auf dem Mundschutz. Möglicherweise ist hier sogar aus der Not eine Tugend oder besser gesagt, eine neue Modelinie geworden. In einigen Imbissstuben tragen die Serviererinnen durchsichtige Plastikschalen wie ein Visier vor dem Mund.

Gestern auf der Mauer kam uns eine junge Frau entgegen, die wie eine Gestalt aus einem Science-Fiction-Film aussah. Ihre schmale Gestalt steckte in einem engen, beigefarbenen Hosenanzug. Vor dem Mund trug sie ein hinter dem Kopf zusammengebundenes, dunkles Dreiecktuch. Eine Sonnenbrille mit großen, dunklen Gläsern verdeckte die halbe Stirn. Der Rest verschwand unter einem Sonnenhut, wie ihn die südamerikanischen Drogendealer in den Hollywoodfilmen tragen.

Dass es eine Frau war, erkannte man erst auf den zweiten Blick an dem langen schwarzen Haar, das ihr auf den Rücken fiel. Außer uns schien das niemanden zu interessieren.

Heute ist also nun der **Sommerpalast** unser Ausflugsziel.

Wir haben gestern Abend den Marco-Polo-Reiseführer noch einmal studiert und gelesen, dass die „berühmt-berüchtigte" Kaiserinwitwe Cixi sich Ende des 19. Jahrhunderts diese Anlage im eklektischen Stil als Alterssitz herrichten ließ. Wir wissen auch, dass die Dame nach dem Tod des Kaisers viele Jahre anstelle ihres noch minderjährigen Sohnes die Regentschaft inne hatte und sie auch nach seiner Volljährigkeit nicht abgeben wollte.

Wir betreten das mehrere Hektar umfassende Areal des Sommerpalastes durch den östlichen Eingang und gehen durch einen mit Baum-

und Buschwerk bestandenen Park an renovierungsbedürftigen Audienzhallen und dem Theater vorbei über eine hölzerne Brücke zum Kunmingsee, der den größten Teil der Anlage einnimmt. Mitten auf der Brücke steht auf vier Doppelsäulen ein offener Pavillon mit einem schön geschwungenen, zweifachen Dach. Musik ertönt aus dieser Richtung. Als wir näher herankommen, sehen wir drei Musiker, die auf einem seltsamen Instrument mit einem ungewöhnlichen Bogen fiedeln. Das Instrument sieht aus wie eine lange Tabakpfeife und der Bogen erinnert an eine geschlossene Stimmgabel. Die Musiker entlocken diesen Instrumenten eigenwillige Töne, die zu einer melancholischen Melodie werden. Ein Flötist begleitet die Musiker auf einer Querflöte. Es muss sich um ein bekanntes Lied handeln, denn eine Seniorin singt dazu in ein Mikrofon. Eine Gruppe chinesischer Touristen ist stehengeblieben und lauscht andächtig dem musikalischen Vortrag.

Wir hoffen, nicht zu unhöflich zu sein, wenn wir dem Gesang nicht länger folgen und uns stattdessen dem vor uns liegenden See zuwenden. Stattliche Kiefern, Hängeweiden und Winterkirschen zieren sein Ufer. Auf dem flachen Gewässer gleiten altertümlich anzusehende Drachenboote langsam dahin. Ruderboote und mit einem blauen Sonnendach bespannte Tretboote können von den Besuchern ausgeliehen werden. Davon werden wir aber keinen Gebrauch machen, denn Yu Yang erwartet uns am Beginn des 728 Meter langen und etwa drei Meter breiten Wandelganges, der parallel zum Seeufer die Kaiserinwitwe und ihre erlauchten Gäste vor zu viel Sonne oder auch Regen schützte.

Dieser Wandelgang ist wie eine endlose, hölzerne Laube gestaltet, zu beiden Seiten hin offen und von einem zierlichen Holzgitter zwischen den in gleichmäßigem Abstand stehenden Pfosten getragen. Er birgt zahllose, kleine Kunstwerke. An jedem Querbalken und an jedem seitlichen Abschnitt des Dachträgers befinden sich Malereien, die Landschafts– oder Romanszenen wiedergeben. Sie sind originalgetreu restauriert worden und geben beim Dahinschreiten einen Einblick in die vielgestaltige Natur Chinas und das Leben in vergangener Zeit. Es ist unmöglich, sich alle Darstellungen in Ruhe anzusehen, denn alle Touristengruppen werden durch den Wandelgang hindurch geschleust und auch die Individualurlauber wollen ihn sich ansehen. Er endet an einem hölzernen Torbogen, der zum Wasser hin die Symbole für Lebenskraft und langes Leben trägt. Gegenüber befindet sich der Eingang zum Sommerpalast. Wir haben seine fünf übereinander getürmten Dächer mit der markanten vergoldeten Spitze schon von weitem gesehen, denn er liegt auf einer Anhöhe, von der aus man einen herrlichen Blick auf den See haben könnte. Ich sage könnte, denn wir verzichten auf den vielstufigen Aufstieg und die Schloss-besichtigung und wenden uns stattdessen lieber wieder dem See zu. Hier liegt unweit des Tores ein marmorner, zweistöckiger Raddampfer im Wasser, der wie ein kleiner indischer Palast aussieht.

Cixis Sohn hatte ihn anlässlich des 60. Geburtstages seiner Mutter in Auftrag gegeben und wollte ihn ihr zum Geschenk machen. Der Baumeister war gewiss ein kunstfertiger Steinmetz, aber vom Schiffbau wusste er wahrscheinlich nicht viel. Das grandiose Werk ist jedenfalls von Beginn an seeuntauglich gewesen und hat sich auf Grund seiner Masse nie auch nur einen Meter weit fortbewegen können.

Aber schön sieht er aus, der Raddampfer.

Nicht weit davon entfernt stoßen wir auf eine ebenso kunstvoll gestaltete Brücke. Zwei Löwen bewachen die Durchfahrt zum See und den Mittelteil der Brücke, der wie ein Teehaus anmutet. Auf acht Säulen ruht ein zweistufiges Dach, das von einer Skulptur gekrönt wird. Von hier aus gelangt man in den idyllischen Gartenteil Xiequyan, dem Lotos-Teiche das Gepräge geben.

Leider müssen wir auch hier auf eine Visite verzichten, denn nun werden wir bereits in einem Teehaus zum Mittagessen erwartet.

Yu Yang nimmt uns am vereinbarten Treffpunkt am Ende der Wandelhalle in Empfang, um die Gruppe noch einmal auf

Vollzähligkeit zu überprüfen und den weiteren Tagesablauf zu erläutern. Während sie ihre Ausführungen macht, schleicht ein älterer Chinese im weißen Anzug um meinen Mann herum und kritzelt etwas mit einem Pinsel auf einen Gegenstand in seiner Hand. Außer meinem Mann haben schon alle Umstehenden gesehen, dass er aus dem Stegreif ein Portrait von ihm auf eine kleine Porzellanschale malt und sie machen ihm bereitwillig Platz. Gerade als Yu Yang ihre Rede beendet, ist auch das Kunstwerk fertig. Neugierige Blicke haben sein Werk verfolgt und erkennen die Ähnlichkeit, wenngleich mein Mann nach meinem Dafürhalten darauf auch ein Chinese hätte sein können. Aber eine gewisse Ähnlichkeit ist tatsächlich vorhanden. Der Meister signiert sein Werk und bietet es meinem Mann zum Kauf an. Wie üblich beginnt nun ein kleiner Wettbewerb im Feilschen, den mein Mann aber nicht lange durchhält. Schließlich einigen sie sich bei 50 Yuan. Das sind umgerechnet nicht einmal acht Euro und ich denke, das hat der gute Mann sich verdient. Mit dem Portrait auf dem Porzellanschälchen ziehen wir weiter durch den Park in Richtung Teehaus.

Als wir so beim Mittagessen sitzen, greift mein Mann plötzlich in seine Hosentasche und zieht das Portemonnaie heraus.

„Was ist?", frage ich.

„Hast Du die 50 Euro, die wir heute früh noch einmal bei der Bank eingewechselt haben?"

„Nein", sage ich, „die hattest Du doch eingesteckt."

„So ein Mist! Genau das habe ich befürchtet."

„Was denn? Ist das Geld weg?"

„Mir war doch gleich so, als ob etwas nicht

stimmt. Ich hatte gar keinen 50-Yuan-Schein mehr. Nur die 50 Euro von der Bank. Jetzt habe ich dem Menschen für die Kleckserei doch tatsächlich 50 Euro gegeben!"

Die Scheine sehen sich zum Verwechseln ähnlich. Beide sind leicht orangefarben, aber der Euroschein ist etwas größer.

„Sieh noch mal in aller Ruhe nach. Vielleicht hast Du ihn doch woandershin gesteckt.", versuche ich meinen Mann zu beruhigen. Aber der Schein bleibt verschwunden. Der Künstler ist auf und davon. So leicht hat er wahrscheinlich noch nie viel Geld verdient.

„Nimm es nicht so schwer. Es ist zwar ärgerlich, aber sieh es mal als Spende für einen armen Künstler. Vielleicht wird er mal berühmt und dann hast Du ein echtes Original von einem chinesischen Meister mit Deinem Konterfei. Das ist dann bestimmt mehr wert als 50 Euro."

Mein Mann kann es noch immer nicht fassen, dass er sich so vertan hat. Aber weg ist weg.

„Wir werden es überleben. Zum Glück passiert uns das am Ende und nicht am Anfang der Reise, wo wir den Schein vielleicht doch noch dringend gebraucht hätten."

„Ist etwas nicht in Ordnung?", fragt Yu Yang. Sie hat wohl unsere erschreckten Mienen und die leise geführte Debatte gesehen. Aber damit wollen wir sie nun wirklich nicht belasten.

„Nein, nein, es ist nichts passiert", sagt mein Mann und damit beenden wir das Thema und wenden uns lieber dem inzwischen aufgetischten Essen zu. Die chinesische Serviererin trägt ein traditionelles, kräftig pinkfarbenes Kleid mit dazu passender Schleife in ihrem schwarzen, zu einem Knoten hochgesteckten Haar. Wir würden sie gern fotografieren. Als wir den Apparat auf sie richten, dreht sie sich brüsk zur Seite und setzt eine beleidigte Miene auf. Wer weiß, wer sie so verärgert hat. Vielleicht hat sie auch einfach nur schlechte Laune, weil sie allein für die drei Tische verantwortlich ist, die wir alle zusammen einnehmen. Ein Foto ist uns trotzdem geglückt. Sie sieht hübsch aus, auch wenn sie nicht lächelt.

Nach dem Mittagessen fahren wir zurück ins Hotel.

Jetzt heißt es Koffer packen, denn wir sind geheißen, sie schon morgen früh um 7.00 Uhr, also noch vor dem Frühstück, vor die Zimmertür zu stellen. Sie werden dann, wie schon in den anderen Hotels, vom Hoteldienst abgeholt und in den Bus gebracht. Erst am Flugplatz bekommen wir sie dann wieder zurück.

Heute Abend brauchen wir aber noch einmal unsere etwas festlichere Garderobe, denn wir krönen die Reise zum Abschied mit einem Essen in Peking-Da Dong, im **„Roast-Duck-Restaurant"**, dem besten Restaurant der Stadt für Peking-Enten-Essen.

Wir werden durch das Parterre zu einem separaten Raum im Obergeschoss geführt, wo wir wieder an den uns nun schon geläufigen, runden Tischen mit jeweils acht Personen Platz nehmen.

Wie immer beginnt das Dinner mit kleinen Vorspeisen, Dim Sums aus verschiedenem Gemüse, Fleisch und würzigen Kräutern. Dazu wird Bier und Wein, grüner Tee und Wasser gereicht. Im zweiten Gang gibt es Fisch. Ein riesiger, karpfenähnlicher Fisch, in Folie gebacken, wird auf unserem Tisch platziert. Das breite Maul ist geöffnet und man erkennt die Kräuterfüllung. Nun macht auch schon der bekannte Kräuterschnaps das erste Mal die Runde.

Als nächstes werden kleine, runde Teigfladen, Paprikaringe und eine dunkle Soße auf die drehbare Platte gesetzt. Dann erscheint der Koch höchstpersönlich mit der knusprigen Ente. Er zerlegt sie in hauchdünne Scheibchen und richtet sie auf flachen Tellern an.

Yu Yang demonstriert uns nun, wie man Peking-Ente isst: Man legt einen Teigfladen auf seinen Teller, schichtet Paprikaringe und Entenscheibchen darauf, übergießt alles mit der braunen Soße und rollt den Fladen wie einen Eierkuchen zusammen. Gegessen wird aus der Hand. Das tropft ein bisschen und man ist gut beraten, den Teller darunter zu halten, während man in das Fleischröllchen beißt. Aber es schmeckt vorzüglich.

Der Teigfladen ist dünn und fest, wie wir ihn von einer Frühlingsrolle her kennen und die Paprikaringe sind mariniert. Das Fleisch ist zart und die Soße ausgesprochen würzig. Lecker! Kein Vergleich mit „Ente knusprig", wie wir sie zu Hause beim Imbissstand kaufen, obwohl auch die uns gut mundet.

Dank der zahlreichen Vorspeisen haben wir schon nach wenigen Entenröllchen ein gewisses Sättigungsgefühl erreicht. Aber nun kommt noch eine kunstvoll aufgeschnittene Melone als Abschluss des Festessens auf den Tisch. Natürlich haben wir zwischen den einzelnen Häppchen auch dem guten Schnaps immer wieder zugesprochen bis die Flasche leer ist. Wir wollen doch nichts verkommen lassen.

Nach zweistündiger Tafelei ist die Stimmung auf dem Höhepunkt, die Teller sind leer geräumt und eingedenk einer alten Weisheit, zu gehen, wenn es am schönsten ist, beenden wir den Restaurantbesuch, nicht ohne uns mit einem kleinen Salär und viel freundlichen Wünschen von dem fleißigen Personal zu verabschieden. „Chiä, Chiä, auch dir, liebe Yu Yang, für dieses schöne Erlebnis. Es ist das Tüpfelchen auf dem i zum Abschluss einer wunderbaren Reise.

*

Seit zwei Stunden sitzen wir nun schon im Flieger und bewegen uns Richtung Heimat.

Nach dem zeitigen Mittagessen an Bord haben die Stewardessen jetzt die Rollos geschlossen und das Kabinenlicht ausgemacht. Nachtruhe ist angesagt. Für uns ist das sehr un-gewöhnlich, denn nach Pekinger Zeit ist es noch später Nachmittag. Wir sind es nicht mehr gewöhnt, ein Mittagsschläfchen zu halten oder zeitig schlafen zu gehen. Aber eingedenk der sechs Stunden Zeitverschiebung, die diesmal zu unseren Gunsten ausfällt, können wir Verständnis dafür aufbringen, dass die Crew jetzt für die Passagiere den Schlafmodus angeordnet hat. Der Flieger bleibt nur zwei Stunden in Frankfurt und fliegt dann wieder zurück. Ich weiß nicht, ob eine Austauschbesatzung den Rückflug übernimmt, aber ich gehe mal davon aus, dass wir die weite Reise nicht nur per Autopilot machen.

Obwohl es jetzt im Flugzeug dunkel und beinahe ruhig ist, kann ich nicht schlafen. Die vergangenen dreizehn Reisetage waren zu turbulent, um von jetzt auf gleich zur Ruhe zu kommen.

Es kommt mir vor, als seien wir eine halbe Ewigkeit unterwegs gewesen.

Allein die Entfernungen von Shanghai über den Yangtze, Chongqing, Xi An bis Peking betragen mehrere 1000 Kilometer. Gemessen an den mehr als 9 Mrd. km², die dieses Reich umfasst, haben wir doch nur einen Bruchteil davon gesehen.

Es wäre vermessen, mit dieser Kenntnis das ganze Land beurteilen zu wollen. Ich kann mir auch kein Bild davon machen, wie die Menschen hier tatsächlich leben. Unsere Eindrücke basieren auf Stippvisiten in den drei derzeit größten Städten Chinas und ihren kulturhistorischen Errungenschaften. Wollte man die Menschen hier in ihrem Tun und Handeln verstehen, müsste man sich wahrscheinlich intensiver mit ihren Wurzeln befassen, in das noch heute vielfach vom Konfuzionismus und Taoismus beeinflusste Denken eindringen. Demnach kämen in der

Rangfolge allen Tuns an erster Stelle das Wohl des Staates, gefolgt vom Wohlergehen der Familie und besonders der Kinder, bevor das eigene Ich im Mittelpunkt steht.

Mein Eindruck ist aber, dass das Leben mehr und mehr von einer neuen Generation geprägt wird, der unser westlicher Lebensstil interessant und verheißungsvoll erscheint. Ich hoffe sehr, dass die eigene Kultur, die Sitten und Gewohnheiten nicht zu sehr darunter leiden oder sogar aufgegeben werden.

Yu Yang hat es bewusst vermieden, mit uns politische Themen zu diskutieren. Das hätte die gute Atmosphäre, die während der ganzen Reise in der Gruppe untereinander herrschte, womöglich beeinträchtigt. Sie ist eben eine erfahrene und kluge Reiseleiterin, aufmerksam und unermüdlich um unser Wohlergehen bemüht. Zum Abschied haben wir ihr noch verraten, dass diese Reise sozusagen eine „Hochzeitsreise" war, denn wir werden in wenigen Wochen unsere Goldene Hochzeit feiern.

Wir sind dem Reiseveranstalter und besonders Yu Yang außerordentlich dankbar, denn sie war genau das, wovon wir geträumt haben –

ein besonderes Geschenk

und ein unvergessliches Erlebnis.

Inhaltsverzeichnis

Bibliografische Information der Deutschen Nationalbibliothek::
Die Deutsche Nationalbibliothek verzeichnet diese Publikation´in der
Deutschen Nationalbibliografie ;detaillierte bibliografische Daten sind
im Internet über http/ dnb. de abrufbar.

Autorin: 2021 Monika Genzow

Herstellung und Verlag: BoD – Books on Demand, Norderstedt

ISBN 9 783753 403632